D1728892

Pola Polanski
Ich bin Virginia Woolf

GRÖSSEN
WAHN
VERLAG

Pola Polanski

Ich bin Virginia Woolf

Roman

Polanski, Pola : Ich bin Virgina Woolf. Frankfurt am Main, Größenwahn Verlag 2021

1. Auflage 2021
ISBN: 978-3-95771-285-1

Dieses Buch ist auch als eBook erhältlich und kann über den Handel oder den Verlag bezogen werden.
ePub-eBook: 978-3-95771-286-8

Lektorat: Diana Dressler
Korrektorat: Verlags-WG, Hamburg
Satz: 3w+p GmbH, Rimpar
Umschlaggestaltung: Annelie Lamers, Hamburg
Umschlagmotiv: Pola Polanski, Stuttgart

Bibliografische Information der Deutschen Nationalbibliothek: Die Deutsche Nationalbibliothek verzeichnet diese Publikation in der Deutschen Nationalbibliografie; detaillierte bibliografische Daten sind im Internet über https://dnb.d-nb.de abrufbar.

Der Größenwahn Verlag ist ein Imprint der Bedey Media GmbH, Hermannstal 119k, 22119 Hamburg und Mitglied der Verlags-WG: https://www.verlags-wg.de

1 HINTER GLAS

Inka Ziemer erwachte in einem kleinen Zimmer, in dem alles weiß war: die Decke, die Wände, das Bett und das Laken. Sie fragte sich, wo sie sein mochte. Das Fenster, hinter dem ein makellos blauer Himmel schien, war schwarz vergittert. Sie wollte nach ihrem Bauch tasten, doch ihre Arme waren festgeschnallt. Erschrocken hob sie den Kopf. Wo ihr Bauch hätte sein sollen, klaffte eine riesige Wunde. Mein Kind, dachte sie. Mein armes Kind. Man hat es mir gestohlen. Dann dämmerte sie wieder weg.

„Sie müssen Ihre Medikamente nehmen." Eine weiße Gestalt beugte sich über sie.

„Wo ist mein Kind?"

„Ihr Kind ist im Bauch, junge Frau."

„Aber das Loch in meinem Bauch?"

„Beruhigen Sie sich, da ist nichts. Nur ein Fleck auf dem weißen Laken. Ich werde Ihnen jetzt eine Spritze geben. Dann können Sie weiterschlafen."

Als sie die Augen wieder aufschlug, trieben Schneeflocken hinter dem schwarzen Gitter. Sie fühlte einen unerträglichen Druck in ihrer Blase, zerrte an ihren Fesseln und schrie. Endlich erschien die weiße Gestalt und beugte sich über sie.

„Wissen Sie, wo Sie sind? Wie heißen Sie?"

„Meine Mutter tanzte immer im Schnee."

„Wo ist Ihre Mutter jetzt?"

„Ich weiß nicht. Ich muss dringend aufs Klo. Können Sie mich nicht losbinden?"

Der Arzt stutzte. Dann verstand er. „Das ist nur ein Verband. Sie haben sich gestern verletzt."

Inka wollte sich aufrichten, sackte aber sogleich zurück in ihr Kissen.

„Warten Sie, ich bringe Ihnen eine Pfanne." Er ging zum Wandschrank und holte eine Aluminiumschüssel mit breitem

Rand, die er ihr unter den Hintern schob. Endlich konnte sie pinkeln.

Jetzt sah sie ihn zum ersten Mal an und lächelte. Er sah gut aus. Wie Julian, mit seinen blauen Augen.

„Julian?"

„Nein. Ich bin nicht Julian. Ich bin Ihr Arzt und heiße Dr. Grießhaber."

Inkas Stimme klang brüchig. „Nicht Julian?" Langsam füllten sich ihre Augen mit Tränen

„Was ist mit Ihnen passiert? Beruhigen Sie sich. Ich kann Ihnen keine weitere Spritze geben, das würde nur Ihr Kind gefährden."

„Mein Kind?" Erstaunt hob sie die Augenbrauen.

Der Arzt lächelte mild. „Vorhin hatten Sie noch Angst, wir hätten Ihr Kind gestohlen, und nun wissen Sie nicht einmal, dass Sie eines erwarten?"

„Schwanger?"

„Das haben Sie zumindest gesagt. Wer ist denn dieser Julian?"

„Julian… Julian Meister."

Das Gesicht des Arztes hellte sich auf.

„Sehr gut, jetzt haben wir einen Anhaltspunkt."

„Aber du bist doch Julian!"

„Sie sind noch etwas durcheinander. Ich bin Ihr Arzt, und Sie sind hier in guten Händen."

„Nein!" Inka schüttelte energisch den Kopf. „Das kann nicht sein!"

„Sie sind gestern zu uns gekommen. Sie waren etwas verwirrt und wussten nicht, wie Sie heißen. Ich gebe Ihnen jetzt ein Medikament. Das hilft, Ihren Kopf zu ordnen."

„Ich brauche kein Medikament. Ich bin in Ordnung."

Er setzte sich zu ihr ans Bett und hielt ihr einen winzigen Plastikbecher an die Lippen. „Bitte, trinken Sie das."

Sie wandte sich ab, doch der Arzt fasste sie sanft unter dem Kinn und hob ihren Kopf an, sodass sie ihm in die Augen sehen musste. Während er ihr etwas einflößte, dachte sie *Julians Augen* und schluckte es runter. Was von Julian kam, konnte nicht schlecht sein. Schließlich liebte er sie. Ihr Blick wanderte hinter das Gitter, wo er mit den weißen Flocken verschwamm.

Wieder wurde sie wach, und wieder war niemand da. Warum kam denn keiner, und wo blieb Julian? War er nicht eben noch hier gewesen, mit seinen blauen Augen, die immer hin und her schweiften, als ob sie sich alles Leben um ihn herum einverleiben wollten? Sie begann erneut zu schreien, und endlich öffnete sich die Tür. Der Arzt kam herein und setzte sich zu ihr.

„Wir haben keinen Julian Meister gefunden."

„Aber du... du bist doch Julian!" Ihr Gesicht verzerrte sich. „Du bist es doch!"

„Und wir haben noch immer keinen Anhaltspunkt, wer Sie sind. Niemand hat Sie als vermisst gemeldet. Können Sie sich wirklich nicht an Ihren Namen erinnern?

„Inka Ziemer", presste sie heraus.

„Ziemer? So wie die Firma Ziemer?"

„Was für eine Firma?"

„Die Firma Ziemer exportiert Tierreste nach China. Sie ist ziemlich bekannt hier im Ort."

Sofort stieg Inka ein süßlicher Geruch nach verwestem Fleisch in die Nase. „Könnte sein."

„Wir werden es schon herausfinden."

Später kam er erneut mit einem Plastikbecher und flößte ihr etwas ein, wovon sie gleich wieder einschlief und verrücktes Zeug träumte, an das sie sich schon nicht mehr erinnern konnte, als sie die Augen aufschlug. Da saß er wieder, Julian mit seinen schönen Augen, und sie fragte sich, warum er einen weißen Kittel trug.

„Und? Gut geträumt?"

„Ja." Sie strahlte ihn an.

„Also, ich habe mit Ihrem Bruder gesprochen. Sie sind tatsächlich Inka Ziemer. Ihr Bruder ist bei Ihnen zu Hause gewesen. Er hat mir gesagt, dass alle Wände mit gelben Memo-Zetteln beklebt sind. Können Sie mir sagen, wieso?"

„Ich habe einen Roman geschrieben."

„Auf Zetteln?" fragte er ungläubig.

„Wie geht es Nero und Tiberius?"

Der Arzt hob fragend die Augenbrauen.

„Meine Bartagamen. Hat er sie auch gut gefüttert?"

„Was in aller Welt sind Bartagamen?"

„Kleine Echsen. Ich hätte sie jetzt gerne bei mir. Sie sind so goldig."

„Ich werde Ihren Bruder danach fragen. Ich glaube, Sie können sich wieder erinnern. Es scheint Ihnen besser zu gehen."

„Mir geht es wunderbar."

„Gut. Dann sollten Sie jetzt ein wenig aufstehen."

Zitternd richtete sie sich auf, rutschte nach vorn auf die Bettkante und ließ die Beine baumeln. Sie legte die Hand auf ihre Bauchdecke und spürte mit einem Mal das Kind wieder. Vorsichtig stand sie auf und ging langsam ans Fenster.

Im Garten wandelt barfuß ein Geist durch schwarzes Gras. Der fahle Mond klatscht ihm sein Licht ins Gesicht. Ha! Er sieht aus wie der Heilige Sebastian! Ich greife nach seinem Leichentuch, das sofort zu Staub zerfällt. Durchs Gras rollt jetzt der Schädel meiner Mutter. Er trägt noch immer einen Blumenkranz.

Als Inka wieder zu sich kam, war sie allein im Zimmer. Langsam ging sie zur Tür ihres Gefängnisses, drückte auf die Klinke und siehe da, die Tür ging auf. Inka wunderte sich, war sie doch mindestens drei Tage lang hier eingesperrt gewesen.

Die Tür gab den Blick auf weitere Türen links und rechts des Ganges frei, und sie fragte sich, in welche Richtung sie gehen sollte. Plötzlich rannte eine Frau über den Flur und schrie ihr zu: „Vorsicht, da ist ein Terrorist im Raucherzimmer. Er wird uns alle abstechen!"

Inka schaute ihr konsterniert nach. Am Ende des Ganges, bei der Glastür mit der Aufschrift „Ausgang", war der Ausflug der Frau zu Ende. Ein weiß gekleideter Riese versperrte ihr den Weg, legte den Arm um sie und brachte sie zurück auf ihr Zimmer.

Inka dachte angestrengt nach. Wo war sie hier gelandet? Sie ging den Flur entlang in die andere Richtung. Hinter einer

Glastür mit der Aufschrift „Rezeption" hantierten weiß gekleidete Frauen mit Schreibunterlagen und Pillen. Sie blieb stehen und fragte sich, was sie hier wollte, drehte um und ging in ihr Zimmer. Während sie auf dem Bett lag und an die Decke starrte, fiel es ihr wieder ein: Sie hatte um Stift und Zettel bitten wollen. In dem Moment überkam sie die Erinnerung, und Stück für Stück rollte sich die Vergangenheit vor ihr auf.

2 PICO DEL TEIDE

Als das Flugzeug mit einem Schlingern und Dröhnen nach Teneriffa abhob, las Inka in einem Buch über den Anti-Terror-Kampf, wohl wissend, dass da noch zwei andere Bücher in ihrer Tasche waren, die sie weit mehr schätzte als dieses Sachbuch. Diese Bücher waren für sie das Großartigste, was ein Schriftsteller jemals hervorgebracht hatte. Sie las nur deshalb gerade nicht in einem dieser Bücher, um sie sich für ihren Urlaub aufzusparen. Aus den Augenwinkeln beobachtete sie ihren Nachbarn, der einen Vollbart trug und in einem Buch über römische Geschichte las. Entweder ist er ein IS-Terrorist oder ein harmloser Student für klassische Archäologie, dachte Inka. Es war schon seltsam, wie sich die Modewelle *Vollbart* mit der Ästhetik des politischen Islam vermischte.

Während sie überlegte, wie viel Ungeziefer sich wohl in so einem Bart einnisten könne, fragte die Stewardess, ob sie etwas essen wolle. Inka verneinte, bestellte sich aber eine Coke Zero. Doch das war offensichtlich nicht die beste Entscheidung, denn schon nach ein paar Schlucken aus der Dose verspürte sie unweigerlich den Drang, aufs Klo zu müssen. Kreidebleich stand sie auf, taumelte durch den engen Gang und bekämpfte den Drang, indem sie die Backen fest zusammenkniff. Endlich konnte sie die Toilette öffnen und sich erleichtern. Später hatte ihr ein Arzt erklärt, sie hätte mit den Jahren eine Unverträglichkeit auf Süßstoff entwickelt, wodurch es zu anfallartigen Durchfällen kam.

Auf ihren Platz zurückgekehrt bemerkte sie, dass der Terrorist noch immer in seinem Buch las. Halb im Scherz dachte sie bei sich, dass das Buch sicher nur eine Tarnung war. Er war allein, hatte keine Familie und würde kaum nach Teneriffa fliegen, um dort Urlaub zu machen, sondern um sich im Strandgetümmel in die Luft zu sprengen. Aber man konnte natürlich auch das Gegenteil denken: Er war einer dieser Gutmenschen, die sich vegan ernähren und meinen, die gesamte Menschheit zu ihrer Weltanschauung bekehren zu müssen. Seine Familie würde später nachkommen. Seine Frau würde goldene Glitzerschühchen tragen, aus denen rot lackierte Zehennägel schauten, und sie hätte ihm zwei wunderschöne, gesunde Kinder geschenkt.

Sie drehte mit ihren schmalen Händen das Buch über den Anti-Terror-Kampf so, dass er das Cover lesen konnte. Aber er beachtete es überhaupt nicht. Also las sie weiter. Da stand doch tatsächlich, dass man die jüngsten Terroranschläge hätte vorhersehen und vielleicht sogar verhindern können. Denn sowohl der französische National-feiertag als auch die christlichen Weihnachten waren Symbole einer westlichen Kultur, die dem IS ein Dorn im Auge waren.

Nachdenklich nippte sie an ihrer Cola, worauf es in ihrem Magen sofort wieder zu rumpeln begann. Belustigt stellte sie sich vor, den Terroristen notfalls mit einer Gaswolke außer Gefecht zu setzen. Aber sie kniff lieber die Backen zusammen, so dass eines der Strasssteinchen aus ihrem auf das T-Shirt gebügelten Totenkopf in die aufgeschlagene Buchseite fiel und genau auf dem Wort „Weihnachten" zu liegen kam. Das müsse Vorhersehung sein, dachte Inka, denn an Weihnachten wäre sie bereits tot. Tot wie Virginia Woolf, die in ihrem Handgepäck steckte, verpackt in einem der genialsten Bücher der Welt.

Das Flugzeug begann auf und ab zu hüpfen. Der Kapitän machte eine Durchsage, dass sie gerade durch ein Unwetter flogen. Um sich abzulenken, holte Inka wie auf jedem Flug das Hochzeitsfoto ihrer Eltern hervor, die bei einem Flugzeugabsturz ums Leben gekommen waren. Sie betrachtete ihre Maman, die mit leicht verzücktem Blick in den Himmel schaute, während Papá ihren Augen folgte, als ob er sich Sorgen mache, dass auch sie dorthin abdriften würde.

Seit ihrem Tod vor zehn Jahren wohnte Inka in der baufälligen Villa ihrer Eltern. Ihr drei Jahre älterer Bruder Rolande, der die Fabrik der Eltern weiterführte, hatte sich einen modernen Glaspalast hingestellt, was Inka jedoch nicht störte. Sie konnte immerhin von den monatlichen Auszahlungen ihres Bruders bequem leben, ohne arbeiten zu müssen. Sie gähnte und dachte, dass ihr Leben eigentlich recht langweilig sei. Obwohl sie seit zehn Jahren für Germanistik und Philosophie eingeschrieben war, hatte sie während der gesamten Zeit nur zwei Vorlesungen besucht. Was die Professoren da vorne von sich gegeben hatten, hatte sie dermaßen gelangweilt, dass sie lieber faulenzte, kiffte, oder sich auf Facebook herumtrieb. Doch das würde sich jetzt ändern, so viel stand fest. Denn in ihrem Gepäck befand sich niemand Geringeres als Virginia Woolf.

Das Flugzeug schlingerte erneut, was Inka nicht weiter beunruhigte. Die Wahrscheinlichkeit, durch einen Flugzeugabsturz zu sterben, war so gering wie die, einen Sechser im Lotto zu haben oder vom Blitz erschlagen zu werden. Und dass im Cockpit noch einmal so ein Verrückter sitzen würde wie dieser Germanwings-Pilot, war ebenso unwahrscheinlich. Irgendwo hatte sie gelesen, dass nur fünf Prozent der Bevölkerung einmal in ihrem Leben verrückt wurden.

Das Schlingern hörte auf, und der Terrorist erhob sich von seinem Sitz. Inka kam nicht umhin zu bemerken, dass er einen süßen Hintern hatte. Klein und knackig wie eine Kirsche. Sie stellte ihn sich ohne Bart und mit langen Haaren vor, denn auf solche Männer stand sie. Oder eben auf Frauen mit kurzen Haaren. So war das.

Der Shuttle-Bus kam beim Hotel an. In der Allee davor spuckten die chinesischen Kräuselmyrten blutige Blüten aus. Inka setzte ihren ausladenden, roten Hut ab und beschaute sich im Spiegel des Fahrers. Sie stellte fest, dass die Blüten, ihr Hut und ihre Haare den gleichen Farbton hatten, woraufhin sie fröhlich kicherte, ohne sich darum zu kümmern, dass die anderen Touristen sie anstarrten. Freudig und erwartungsvoll sprang sie in ihren Tchibo-Turnschuhen aus dem Kleinbus. Für sie war es der Beginn einer neuen Ära, denn jetzt hatte sie endlich Lust zu schreiben.

Im Hotelzimmer angelangt, öffnete Inka die Flasche Champagner, die als Willkommensgruß in der Zimmerbar stand, und kramte dann aus ihrem Koffer das Notizbuch hervor, in dem sie ihre Schreibversuche eintrug. Sie suchte jenen Text über den IS, welchen sie vor einem Jahr geschrieben hatte. Sie setzte sich auf den Balkon, zündete sich eine Zigarette an und las:

KRISTALLE

Es war einer dieser Tage, an denen ich nichts mit mir anzufangen wusste. Ich habe geschrieben, gegessen, Kaffee getrunken und etwas Sport gemacht, sonst gab es nichts. Später am Abend, als ich in den Nachrichten hörte, dass sich wieder ein Terrorist in die Luft gesprengt hatte, splitterte plötzlich mein Hirn in winzige Kristalle. Ich stand gerade in der Küche und wollte das Geschirr in die Spülmaschine räumen. Der Klang von zersplittertem Glas. Dabei hatte ich nichts zerbrochen. Ich hielt mir den Kopf, um die Eruption einzudämmen. Aber es half nichts. Die Splitter drängten vulkanartig nach oben. Um sie aufzufangen, hielt ich meinen Schädel über einen großen Topf, den ich gerade aus der Spülmaschine genommen hatte. Tatsächlich fielen alle Teile meines Hirns in kleinen Splittern in den Topf. Eine Stunde später hörte die Eruption auf, und ich stellte den Topf auf den Herd. Dann ging ich ins Bad und begutachtete meinen Schädel. Die Narbe, die ich vor dreißig Jahren bei einem Autounfall davongetragen hatte, und die fast verschwunden gewesen war, hatte sich wieder eitrig rot verfärbt. Ich ging zurück in die Küche. Die gallertartige, zähe Flüssigkeit waberte vor sich hin. Wie konnte es sein, dass durch einen IS-Bericht im Fernsehen mein Hirn eruptiert hatte? Ich verstand nichts mehr. Ich stellte die Kochplatte auf volle Stärke, gab etwas Fleischwürfel dazu und kochte mein Hirn dreißig Minuten lang. Als die Suppe fertig war, setzte ich mich, und löffelte die Suppe noch mal dreißig Minuten lang in mich hinein. Dann wurde ich müde und legte mich ins Bett. Am nächsten Morgen läutete es. Ich war noch nicht ganz wach, und die Sache mit der Hirnsuppe war ganz weit weg. Also wankte ich zur Tür und öffnete. Es war der Nachbar mit einem Päckchen, das für mich abgegeben worden war. Auf dem Karton prangte das Symbol der IS-Flagge. Trotzdem nahm ich das Päckchen an und lief damit durch das ganze Stadtviertel. Ich spürte, dass meine Narbe zu einer riesigen Wunde geworden war und mir war klar, dass jeder sehen konnte, wie Blut und Eiter herausliefen...

Sie ließ das Buch sinken, streckte die Beine aus und nahm einen großen Schluck Champagner direkt aus der Flasche. Ihr Blick schweifte zuerst über den Parkplatz, wo Motoren aufheulten, bis sie in der Ferne das aufgewühlte Meer mit seinen tanzenden Schaumkronen fixierte. Nun ja, als sie den Text geschrieben hatte, war sie bekifft gewesen, und einen besseren Text hatte sie seither nicht zustande gebracht. Als ob sich diese ganze Kifferei abgenützt hätte wie ein alter, abgerubbelter Waschlappen, den man nur noch als Putzlappen benützt.

Sie zückte ihr Handy und postete als Status:

Ich habe viel zu viele Zähne... jetzt schmeißen sie das Zeugs auf die Gleise...

Immerhin ein Satz. Mehr nicht. Aber vielleicht half der Champagner? Die halbe Flasche war schon leer, und in ihrem Kopf summte eine Melodie von Nick Cave: „God is in the House", summte weiter und immer weiter, bis ihr der Gedanke kam, dass sie insgeheim vor ihrem Bruder Rolande hierher nach Teneriffa geflohen war. Ihr verhasster Bruder, der Maman und Papá mit ihrem ausladenden, exzentrischen Leben nie verstanden hatte. Der ihr ständig ein schlechtes Gewissen einredete, weil sie nicht arbeitete, der genauso straight war wie ihr Großvater, der die Firma ganz im Sinne der preußischen Tradition erfolgreich aufgebaut hatte. Nach dem Tod der Eltern war der erste Satz, den Rolande gesagt hatte: „So, jetzt möbeln wir die Firma wieder auf, die Maman und Papá zugrunde gerichtet haben." Danach hatte sie sich aus Protest ihr rotes Naturhaar knallrot gefärbt und in ihre ausgewaschenen Leggins mehrere Löcher gerissen, während Rolande sich beim besten Herrenausstatter in Stuttgart zehn dunkelblaue Anzüge maßschneidern ließ. Bis in die halbe Nacht hinein las sie in einer Biographie über Virginia Woolf und in deren Roman „Orlando".

Als sie am nächsten Mittag den roten Weg zu einem Strandrestaurant hinunterlief, das nicht zum Hotel gehörte, streckten blutgetränkte Kakteen ihre Köpfe gleich Stalagmiten aus der Vulkanasche. Inka bemerkte, dass die Sandale an ihrem linken Fuß scheuerte und sich bereits eine Blase gebildet hatte, die später im Meerwasserpool sicher ein Brennen verursachen würde. Ein ähnliches Brennen, wie sie es schon in der Magengegend verspürte. Sie zog im Gehen die Schuhe aus und hoffte, dass auch das Brennen im Magen verschwinden würde, was natürlich nicht geschah. Stattdessen breitete es sich wie die Rattenpest auch in Brustkorb und Genitalbereich aus, was sie noch schneller laufen ließ, um endlich in das Restaurant zu gelangen, wo sie ihre wirren Gedanken würde niederschreiben können. Zwei lange Sätze, die genau in der Art konstruiert waren wie jene Sätze, die Virginia Woolf geschrieben hatte. Als das Restaurant in Reichweite war, hatte sie auch Brandblasen an den Füßen. Der Asphalt war heiß wie Lava. Sie ließ sich mit einem Plumps auf den weißen Plastikstuhl fallen und kramte in ihrer Tasche, auf der ein Strass-Totenkopf appliziert war, nach Stift und Notizbuch, um endlich ihre zwei Sätze niederzuschreiben. „Während sie den roten Weg…" Plötzlich stand ein Ober in weißem Leinenanzug vor ihr. Inka hatte nicht gehört, dass er etwas zu ihr gesagt hatte. Sie war so versunken gewesen in ihre Gedanken über Grammatik, Wortfindung, Metaphern und die Vermeidung von überflüssigen Adjektiven, dass er sie ein zweites Mal laut ansprach. Und plötzlich waren ihre Sätze weg. Einfach weg! Aus ihrer Erinnerung getilgt. So stand auf dem weißen Blatt nur: „Während sie den roten Weg…" Tränen schossen ihr in die Augen, Zornestränen, und das Brennen breitete sich jetzt auch in ihrem Kopf aus. Sie war sich sicher, wie Virginia Woolf an einer Geisteskrankheit zu leiden. Sie zerknüllte das Blatt Papier, leerte drei Gläser Weißwein in sich hinein, um dann schwankend und mit schmerzenden Blasen an den Füßen zum Hotel zu humpeln. Dort sank sie auf die erstbeste Liege am Pool, wo sie, ohne einen einzigen Satz vollendet zu haben, wie ein Baby zum Zwitschern der Spatzen einschlief.

Als sie erwachte, zückte sie ihr Handy und postete auf Facebook:

Wind kommt auf. Die Rosen nicken hämisch. Spatzen hinken durch das Grün, und ich bade und bade in Calendula.

Gegen Abend verließ sie trotz der Blasen an den Füßen das Hotel, da sie die blöden Amüsements nervten. Dieses Verdummungsprogramm schien ihr der diametrale Gegensatz zu den Totenköpfen auf ihrer Tasche und ihrem T-Shirt zu sein. Zum Glück gab es in Reichweite des Hotels noch ein nettes Restaurant. Sie setzte sich an einen beliebigen Tisch und bestellte Muscheln in Weißweinsauce, dazu einen Rotwein. Muscheln waren ihr Lieblingsessen, da sie die Verdauung anregten. Verdauung, das bedeutete dünn bleiben, bedeutete Reinigung und gesund bleiben. Der Ober brachte Rotwein, Servietten, Besteck und Brot. Sie legte die Serviette auf ihren Schoß, doch während der Ober das Essen servierte, musste sie aufpassen, dass der Wind sie nicht wieder wegwehte. Sie legte die Serviette wieder auf den Tisch, da sie das Ding noch brauchen würde, um sich den Mund abzuwischen. Aber nichts war gut. Während sie die Muscheln aß, versuchte sie, die Serviette mit dem rechten Handballen auf dem Tisch festzuklemmen, um sie am Fortfliegen zu hindern. Doch dieses komische Ding hatte irgendwie ein Eigenleben und würde jeden Moment wie eine Möwe in die Luft entschwinden. Und tatsächlich: Als sie kurz die Hand anhob, flog es davon, und auf ihrem Schoß landete eine Muschelschale. Wie ärgerlich. Großvater hätte sie jetzt gerügt. Er war der einzige Mensch in ihrem Leben gewesen, der sie ab und an zurechtgewiesen hatte. Um der Peinlichkeit zu entgehen, sah sie von ihrem Teller auf. Links leuchteten die weißen Häuser gegen den schwarzen Himmel. Auf der anderen Seite war der Horizont weiß und die Palmen davor schwarz. Welch ein Schauspiel. Sie hoffte auf ein Gewitter. Doch zuerst musste sie dringend aufs

Klo. Eilig zahlte sie und wankte unter Schmerzen in die Hotelhalle. In der riesigen Eingangshalle des Hotels, wo es nach billigem Parfüm stank, Kaufhausmusik aus den Lautsprechern dudelte und silberne Sofas nicht zum Sitzen einluden, bog sie zum allerheiligsten Örtchen ab und war froh, dem Gestank von billigem Parfüm entkommen zu sein.

Zurück auf ihrem Zimmer konnte Inka nicht mehr schreiben. Sie war müde. Die Worte hingen herum wie zerrissenes Papier und wollten sich nicht zu Sätzen formen lassen. Sie horchte in sich hinein. Da war nichts, und auch das Gewitter war nicht gekommen. In der Nacht wurde sie vom Regen geweckt. Sie setzte sich auf und versuchte, ihre Füße auf den Boden zu bringen. Die Brandblasen entfachten ein Feuer unter ihren Sohlen, und Inka tappte vorsichtig im Dunkeln zum Fenster. Doch es regnete gar nicht. Das Geräusch kam von einem Brunnen im Garten. Er würde die ganze Nacht für sie regnen.

Am nächsten Tag saß Inka in einem Restaurant am Meer. Während der Glutball Feuerpfeile auf sie herabsandte, schaute sie träge in die Brandung, die in ewigem Hin und Her mit weißen Zungen den Lavasand leckte. Plötzlich bemerkte sie jemanden in ihrem Rücken. Ein angenehmes Kribbeln durchfuhr sie, sodass sich ihr die Härchen im Nacken aufstellten. Sie drehte den Kopf nach dem Ober, um noch ein Glas Wein zu bestellen und sah direkt hinter sich ein Lesben-Pärchen sitzen. Hinter ihrem Rücken! Die beiden trugen die gleiche Kleidung und hatten ihre Kappen ins Gesicht gezogen, unter denen jeweils weißblonde Haare hervorschauten. Sie trugen ärmellose Tops, die breite, braungebrannte Schultern zeigten. Inkas Blick wanderte über vier kleine Brüste hinunter zu den Shorts, aus denen muskulöse Beine ragten, die in neonfarbigen Turnschuhen steckten. Die beiden könnten Zwillinge sein, dachte sie. Plötzlich fühlte sie sich einsam. Seit Maman gestorben war, hatte sie sich immer wieder in Frauen verliebt, was sie sich mit dem plötzlichen Fehlen von mütterlichem Halt erklärte.

Um die beiden auf sich aufmerksam zu machen, fuhr sie sich mit einer Hand durch ihr knallrot gefärbtes Haar, während sie mit der anderen eine Zigarette aus einem Etui fschte, auf dem ein *Dias de los Muertos*-Totenkopf gedruckt war. „Good Vibes only" stand darunter. Demonstrativ zündete sie sich eine Zigarette an und beobachte die zwei aus dem Augenwinkel. Sie schienen weder zu rauchen noch Alkohol zu trinken. Wahrscheinlich sportbegeisterte Vegetarierinnen, dachte Inka. Mit denen würde sie sowieso nichts anfangen können. Sie wandte sich wieder ihrem Wein zu und schaute verlegen nach unten. Auf ihrem Fuß saß eine grün schillernde Schmeißfliege und labte sich an der Wunde, die ihr die Sandale gescheuert hatte. Panisch versuchte Inka, das widerliche Insekt abzuschütteln, doch es krallte sich fest und ritt auf ihrem Fuß wie der Teufel. Erst als sie es mit der Hand verscheuchte, ließ es von ihr ab.

Inkas Gesicht war kreidebleich. Sie wollte aufschreiben, was ihr gerade passiert war, doch der Ekel war so groß, dass sie seufzend den Stift sinken ließ. Hinter ihr stand das Liebespaar auf und ging leichten Schrittes auf den Strand zu. Frustriert postete sie auf Facebook: *Werde den Rest meiner Tage als Mönchin unter einem Baum in meinem Garten fristen. Durch das Gras werden Spatzen hüpfen. Manchmal werde ich mir einen von ihnen grillen.*

Während sie ihren Blick in die Rücken der beiden Frauen bohrte, begannen ihre Gedanken um Maman zu kreisen.

3 MAMAN

In ihrer Erinnerung war das Leben mit Maman ein einziges Fest gewesen, das einem den Boden unter den Füßen rauben konnte. Mama wollte nicht mit Mama angesprochen werden, sondern mit *Maman*. Sie behauptete, in Paris aufgewachsen zu sein. Auch durften die Kinder Papa nur spanisch mit *Papá* ansprechen. Nachts malte Maman grellbunte Bilder, deren Motive sie auf ihren Reisen durch exotische Länder im Kopf gesammelt hatte. Urwaldbilder mit prächtigen Tieren,

Südseepanoramen, Labyrinthen und Mandalas. Es waren Bilder untergegangener Kulturen, wie die der Mayas in Mexiko. Die ganze Villa hing voll mit diesen Bildern, und überall standen welche herum. „Bald können wir nicht mehr laufen" sagte Papá und lachte dabei, denn er liebte Maman und hätte sie allein wegen ihres Spleens geheiratet. Er vernachlässigte die Firma, die Mamans Vater gegründet hatte, und schleppte Maman von einer Reise zur nächsten. Während dieser Zeit kochte Großmutter für die Kinder. Woher das Geld für all die Reisen kam, interessierte Maman herzlich wenig. Hauptsache, Papá war bei ihr. Manchmal fuhr Maman auch alleine nach Sylt. Wegen ihres Asthmas, wie sie sagte. Auch dann kam Großmutter und kochte.

Eines Nachts, Inka war ungefähr acht Jahre alt gewesen, war sie aufgewacht und konnte nicht mehr einschlafen. Sie kletterte in ihrem weißen Nachthemd, das mit schönster Stickerei versehen war, aus dem Kinderbett und stieg die lange Treppe hinab, um auf die Suche nach Maman zu gehen. Sie fand ihre Mutter im Wintergarten konzentriert vor einer Leinwand sitzend. Ihr rotes, volles Haar hatte sie wie immer mit einem grünen Samtband zu einem pompösen Turm aufgebunden. In ihrem blassen Gesicht leuchteten die Sommersprossen durch das hereinfallende Mondlicht wie winzige Diamanten. Madam la Souris, ein Mausmaki, den Maman in ihrer Handtasche illegal aus Madagaskar eingeschmuggelt hatte, saß ihr auf der Schulter.

Als Inka wie ein kleiner Geist in der Tür erschien, rollte Madame la Souris mit den Augen, während Maman nicht einmal aufsah. Sie war so sehr in das Bild vertieft, an dem sie arbeitete, dass sie nicht mehr von dieser Welt zu sein schien.

„Maman, ich kann nicht schlafen!" rief Inka zaghaft.

Das Gesicht ihrer Mutter zeigte keinerlei Regung. Sie war offensichtlich in einer anderen Dimension gelandet. Nun, das hatte nichts geholfen, also ging Inka noch näher heran. Madame la Souris schaute sie mit großen Augen an. Inka hatte sie am Anfang nie streicheln können, da sie nur auf Maman fixiert war. Jetzt streckte sie die Hand nach dem Äffchen aus und strich ihm mit einer leichten Bewegung über den Kopf. Madame la Souris gab einen murmelnden Laut von sich, richtete ihre Riesenaugen auf Inka und schien zu grinsen.

„Maman, Madame la Souris hat mich angelacht!" rief Inka.

Ihre Mutter lies den Pinsel sinken und drehte den Kopf herum: „Mein Schatz, was machst du denn hier? Es ist nach Mitternacht!"

„Ich kann nicht schlafen, Maman!"

„Sieh dir dieses Bild an. Ich male gerade, wie ich Papá auf der Insel Gili Montang vor einem Komodowaran gerettet habe. Er war drauf und dran, deinem Papá den Kopf abzubeißen. Weißt du, was ich gemacht habe? Ich habe ihn mit einem Brocken Fleisch geködert. So war er beschäftigt, und Papá und ich konnten fliehen. Ist das nicht wunderbar? Papá muss man ständig retten, er ist viel zu waghalsig."

„Danke für die Geschichte, Maman. Darf ich jetzt Madame la Souris mit zu mir ins Bett nehmen? Damit ich schlafen kann?" „Madame la Souris muss alleine schlafen. Ich bringe sie gleich in ihr Gehege. Aber, mein Schatz, du weißt, dass ich immer alle rette. Dich, Papá, Rolande, und alle, die mir lieb sind."

Maman gab Inka einen Kuss auf die Stirn: „Geh jetzt ins Bett, Liebes, du musst keine Angst haben."

Inka streichelte Madame la Souris noch einmal sanft über den Hinterkopf und ging wieder nach oben. Der Vollmond warf einen riesigen Schatten-Komodowaran auf ihre Bettdecke, aber Inka hatte keine Angst mehr. Maman war ja da, und Madame la Souris, die von Maman auch zärtlich „kleiner Schattengeist" genannt wurde, schlief jetzt auch.

4 ESBIT

Von einer ihrer vielen Reisen durch Mexiko hatten die Eltern einen Amazonenpapagei mit nach Hause gebracht.

Maman kaufte ihm eine Stange, auf der er sitzen sollte, und brachte sie mitten im Wohnzimmer an. Die Flügel des Papageis waren bereits in Mexiko gestutzt worden, so dass er nicht davonfliegen konnte. Sein Gefieder war durchgehend knallgrün, nur auf der Stirn hatte er einen roten Fleck. Dieser schillernde Vogel war nun der Chef der Familie, was Rolande zur Weißglut brachte, denn das Tier forderte die volle Aufmerksamkeit aller Familienmitglieder ein. Blieb diese für eine Weile aus, konnte man sicher sein, dass er bald von einer Mauer fiel und sich ein Bein brach. Oder er landete mit dem Fuß auf einer Schraube und verletzte sich daran. Von allen Seiten kam dann Mitleid, so dass er wieder zufrieden war.

Als der Vogel einmal volle drei Wochen lang im Mittelpunkt stand, weil er wegen eines verstauchten Beines immer mit der Hand auf seine Stange gesetzt und wieder herabgenommen werden musste, setzte Rolande sich einen Tag lang vor ihn hin und sagte in halbminütigem Abstand „Arschloch" zu ihm. Da diese Papageienart sehr gelehrig ist was das Sprechen betrifft, sagte der Vogel noch am selben Abend zum ersten Mal „Arschloch". Maman war begeistert: „Jetzt haben wir endlich einen Namen für unseren Chef. Er soll Monsieur Connard heißen." Rolande bekam vor Wut einen roten Kopf. Das verdammte Viech war noch weiter ins Zentrum der Familie gerückt.

Monsieur Connard lernte schnell weitere Wörter und ahmte mit der Zeit sogar das Klingeln des Telefons nach. Einmal hatte Rolande deshalb sogar nach dem Hörer gegriffen. Wütend warf er einen der ebenfalls aus Mexiko importierten kleinen *Dias de los Muertos*-Totenköpfe nach dem Vogel. Der kreischte, plusterte sein Gefieder auf und sagte, diesmal besonders deutlich: „Arschloch".

Maman tat es leid, wenn der Vogel an seiner Stange angebunden war, weshalb sie öfters die Kette von seinem Fuß löste. Dann flatterte er mit gestutzten Flügeln quer durch das Wohnzimmer. Zwar kam er nicht besonders weit, doch es reichte immerhin, um auf Rolandes Schultern zu landen und ihm kräftig ins Ohrläppchen zu hacken. Rolande war groß und kräftig gebaut, hatte braune Augen und blonde Haare. Ganz der Großvater mütterlicherseits. Papá sagte öfter, Rolande mache alles nur mit Kraft, was nicht viel nützen würde gegen einen Vogel. Besonders schlimm war es für Rolande, dass der Papagei keinerlei Respekt vor seinem Klavier zeigte. An der Stelle, wo das Pedal herausschaute, hatte er mit seinem harten Schnabel bereits eine tiefe Kerbe ins Holz geknabbert. Als würde es ihn stören, dass Rolande viel zu häufig das Pedal gebrauchte. Auch sonst schien der Vogel ein Gespür für Musik zu haben. Wenn Rolande das Ave Maria von Bach spielte, fiel Monsieur Connard jedes Mal in traurigem Singsang mit ein. Maman und Papá kümmerte die Sache mit dem Klavier wenig, doch Rolande, der auf alle seine Habseligkeiten sehr genau achtgab, war verzweifelt. Er hasste den Vogel wie die Pest, und Inka fragte sich oft, wann er ihm den Hals umdrehen würde. Im Gegensatz zu Rolande, den er überhaupt nicht mochte, liebte der Papagei Papá ganz besonders. Jedes Mal, wenn dieser telefonierte, kam er angeflattert und hängte sich kopfüber an die Stange des Telefontischchens, den Bauch nach oben ge-dreht. In demutsvoller Haltung legte er sich dann auf den Rücken, und Papá musste ihm mit dem Zeigefinger den Bauch kraulen. Wenn Rolande diese Szene beobachtete, kam ein ge-fährliches Grollen in sein Gesicht. Maman hingegen brach in Lachtränen aus und presste unter Kichern hervor: „Da haben sie uns wohl in Mexiko ein Weibchen statt eines Männchens verkauft."

Es war der 24. Dezember, Heiligabend. Wie immer hatte Maman die Osterdekoration herausgeholt, mit den Kindern Ostereier bemalt und den riesigen Stoffhasen dort platziert, wo an Ostern der Christbaum stand. Maman hielt nichts von Traditionen, weshalb sie einfach alles umdrehte: Weihnachten war Ostern, und Ostern war Weihnachten. Für die Kinder hatte sie bemalte Eier und Geschenke versteckt. Rolande hatte in einem Pflanzenkübel im Wintergarten eine Dampfmaschine gefunden, die er mit freudigem Grinsen ins Wohnzimmer trug. Papá half ihm, das Ding in Gang zu bringen. Im Grunde war Papá, ebenso wie Maman, noch ein kleines Kind. Er freute sich fast noch mehr als Rolande über die Dampfmaschine. Bald konnte man ein Zischen hören, und weißer Dampf entstieg der Maschine, nachdem Papá mit *Esbit* ein Feuer entfacht hatte. Das waren kleine, weiße Brennstoff-Tabletten, die Hexamethylentetramin enthielten. Monsieur Connard hüpfte aufgeregt um den Kessel herum, was ihm jedoch zum Verhängnis werden sollte. Als Inka am ersten Weihnachtsfeiertag morgens das Wohnzimmer betrat, lag Monsieur Connard reglos auf dem Rücken, die Beine weit gespreizt nach oben gereckt neben der Dampfmaschine. Er musste sich an den Dämpfen vergiftet haben. Die Dampfmaschine wurde daraufhin in den Keller verbannt. Für Rolande waren diese Weihnachten trotzdem die glücklichsten seiner Kindheit. Eine Riesenlast war von seinen Schultern gefallen.

5 YR

Inka erwachte mit dem Gedanken, dass heute eine Mathearbeit anstand, und da sie nicht dafür gelernt hatte, drehte sie sich noch einmal in ihrem Bettchen um und lauschte dem Regen, der gegen die Fensterscheiben prasselte.
Die Vorhangschnur, die der Wind durch das gekippte Fenster bewegte, schliff geräuschvoll auf dem Sims hin und her. Sie konnte die Geräusche des erwachenden Hauses hören, denn im ganzen Haus gab es keine Türen. Maman hatte sie eines Tages alle aushängen lassen, damit, wie sie sagte, ewiger Friede in der Familie herrsche. Inka hörte, wie Rolande in der Küche die Kühlschranktür öffnete, um sich seine Milch über die Cornflakes zu gießen. Wie jeden Morgen bereitete er sich sein Frühstück alleine zu. Maman und Papá schliefen noch, da sie erst spät in der Nacht heimgekommen waren.
Plötzlich flitzte Madame la Souris in Inkas Bettchen. Ihr war offenbar langweilig, da Maman noch nicht wach war. Seit einiger Zeit musste sie nachts nicht mehr in ihr Gehege und

durfte sich frei im Haus bewegen. Für die Zeit, in der Maman nicht da war, hatte sich Madame la Souris Inka als Ersatz auserkoren. Das Äffchen patschte ihr mit der Pfote ins Gesicht, um sie zum Aufstehen zu bewegen. Inka setzte sich im Bett auf, und Madame la Souris kletterte ihr auf die Schulter. Sie angelte nach ihren neuen, pinkfarbenen Leggings mit Totenkopfmuster, die Maman ihr aus Mexiko mitgebracht hatte. Dazu den giftgrünen Wollrock, der so gut zu ihren roten Haaren passte und ihre grünen Augen widerspiegelte. Schließlich noch den schwarzen Pulli, auf dem in weißen Lettern stand: „Wasch mir den Pelz, aber mach mich nicht nass." Sie hörte, wie unten die Haustür zuschnappte. Rolande war auf dem Weg zur Schule. Er war der einzige in der Familie, der Disziplin hatte. Obwohl Maman immer zu ihm sagte, er könne ruhig zu Hause bleiben, wenn es ihm nicht gut ging, schleppte er sich auch mit einer schweren Erkältung in die Schule. Inka hingegen hatte sich entschieden, heute zu Hause zu bleiben, denn wenn sie diese Mathearbeit vergeigte, würde sie am Ende des Schuljahres durchfallen.

In der Küche durchforstete sie den Kühlschrank nach etwas Essbarem. Im oberen Regal standen fünf kleine, weiße Doggybags vom gestrigen Abendessen der Eltern. Offenbar waren sie beim besten Chinesen der Stadt gewesen. Inka freute sich. Ihr Mittagessen war gesichert, selbst wenn Maman wieder erst nach ein Uhr aufstehen würde. Rolande hatte auf der Küchenplatte geschnittenes Obst hinterlassen. Inka füllte es in zwei Schälchen und setzte sich an den Tisch. Madame la Souris sprang hinzu und begann ebenfalls genüsslich zu fressen. Nach dem Fressen war sie wie immer müde und verschwand in ihrer Baumhöhle, um dort den ganzen Tag zu schlafen. Maman hatte für sie einen Baum aus einer Gärtnerei bringen lassen, der in einem riesigen Topf stand und bis unter die Zimmerdecke reichte. Damit Madame la Souris kein Heimweh nach Madagaskar bekommt, hatte sie gesagt. Der Baum stand mitten im Wohnzimmer, genau an der Stelle, wo früher der Papagei gesessen hatte.

Papá war um elf in die Firma verschwunden. Gegen eins kam Maman in ihrem grünen Bademantel ins Wohnzimmer, wo

Inka in einem Buch las, das sie sich aus Mamans Bücherecke genommen hatte. Es trug den nicht gerade viel versprechenden Titel „Ich habe dir nie einen Rosengarten versprochen", doch es erzählte von einem Mädchen namens Deborah, die ihrer Wirklichkeit entfliehen konnte, indem sie sich eine Phantasiewelt mit Namen „Yr" erschuf.

Inka war so fasziniert von der Geschichte, dass sie kaum wahrnahm, wie sehr Maman sich freute, sie hier vorzufinden. Wie schön, dass sie heute Gesellschaft hätte! Endlich mal einer da. Kein Wort darüber, dass Inka offensichtlich die Schule schwänzte. Sie machte sich eine Kanne Kaffee und zündete sich ihre Morgenzigarette an.

„Sag mal, was liest du denn da? Das ist noch nichts für dich, Inka. In diesem Buch geht es um Schizophrenie."

„Was heißt das, Schizophrenie?"

„Eine Geisteskrankheit. Das ist nicht lustig, und du solltest so etwas nicht lesen. Bring mir lieber mein Tagebuch und meine Brille. Dann lese ich dir eine unserer Reisegeschichten vor."

Inka war gerade an einer spannenden Stelle und hatte keine Lust, das Buch wegzulegen. Doch Mamas Geschichten waren nicht weniger phantastisch als das, was Deborah in *Yr* erlebte. Also gab sie das Buch zurück und ging eine von Mamans vielen Brillen suchen, die überall im Haus herumlagen. Sie schnappte sich eine, holte das Tagebuch und brachte beides Maman. Die setzte sich die Brille auf und wollte gerade anfangen zu lesen, als sie die verschwommenen Buchstaben bemerkte. „Inka, das ist die falsche Brille. Such mal die mit dem grünen Rand."

Neben etlichen Lesebrillen hatte Maman auch ein paar Weitsichtbrillen für die Ferne. Inka hatte wohl eine von denen erwischt. Zwischen den Buchseiten des Bestsellers „Sorge dich nicht, lebe!" von Dale Carnegie, der im Klo auf dem Fensterbrett lag, fand Inka schließlich eine Lesebrille, und Maman konnte mit ihrer Geschichte beginnen.

Einmal waren Papá und ich auf der Südseeinsel Nuku Hiva in Französisch-Polynesien. Dort verliefen wir uns im Urwald. Es wurde immer dunkler und dunkler, bis schließlich die Nacht über uns hereinbrach. *Wir liefen weiter und stolperten über Wurzelwerk, während aus dem Dickicht unheimliche Tierschreie klangen. Papá presste seinen Tropenhelm mit beiden Händen auf den Kopf, als ob er Angst hätte ..... Der Schein unserer Taschenlampen wurde immer schwächer. Plötzlich war lautes Rascheln zu hören. Wie versteinert blieben wir stehen, die Äste bogen sich auseinander, und im Schein unserer Lampen standen drei Männer mit brauner Haut, schwarzen Haaren und weißen Streifen im Gesicht. Völlig nackt! Ihre Augen verengten sich zu kleinen Schlitzen, dann gingen sie auf uns los. Sie fesselten uns die Hände auf dem Rücken und banden uns an zwei Bäumen fest. Nachdem sie unter lautem Geschrei mehrmals im Kreis um uns herumgetanzt waren, verschwanden sie so plötzlich wie sie gekommen waren zwischen den Bäumen.*

Ich flüsterte Papá zu, dass ich in einem Buch über Menschenfresser gelesen hätte. Die drei, die uns gefangen hielten, sähen genauso aus wie die. Sie würden uns wie Hühnchen grillen und dann verschmausen. Papá bekam es mit der Angst und fing an zu jammern. Das könne ja nicht sein, so etwas dürften sie nicht tun. Ich dagegen, was machte ich? Meine Finger konnte ich noch frei bewegen, sie reichten bis in meine Hosentasche. Dort hatte ich vorsorglich ein Nageletui mit einer kleinen Schere eingesteckt. Jetzt fingerte ich fieberhaft in der Hosentasche herum, bis es mir gelang, das Necessaire zu öffnen. Ich bekam die Schere zwischen die Finger und sägte so lange an meinem Seil, bis es riss. Als ich frei war, band ich auch Papá los, und wir rannten was das Zeug hielt in die andere Richtung durch den Urwald. Erst im Morgengrauen erreichten wir den Strand mit unserer Unterkunft. Beinahe hätten wir nicht wieder zurückgefunden. Aber Papá sagt immer, mit mir als Beistand könne ihm nichts passieren.

„Und? Hat dir die Geschichte gefallen, Inka?"

„Ja, sehr."

Während Maman zufrieden ins Bad verschwand, suchte Inka fieberhaft nach dem Buch, das sie vorhin gelesen hatte. Es war nicht mehr zu finden. Maman musste es irgendwo versteckt haben.

Die Haustür ging auf, und Rolande kam völlig durchnässt vom Regen herein. Er ließ Jacke und Tasche im Flur fallen, eilte sofort zum Kühlschrank und krallte sich die Doggybags mit Shrimps, die Inka am liebsten mochte. „Deine Klassenlehrerin ist mir heute auf dem Flur begegnet. Sie hat gesagt, du musst die Mathearbeit nächste Woche nachschreiben."

Grinsend wischte er sich die nassen Haare aus dem Gesicht und stopfte sich alle Garnelen auf einmal in den Mund.

6 IM URWALD

Inka warf sich in ihrem Bettchen von einer Seite auf die andere und konnte nicht einschlafen. Aus dem Wintergarten dröhnte laute Musik herauf, dazu mischten sich die grellen Schreie von Madame la Souris. Normalerweise war Maman am Vorabend ihrer Sylt-Reise besonders ruhig und ausgeglichen, und Inka hatte erwartet, zum Abschied noch eine ihrer schaurigen Gute-Nacht-Geschichten mit Happy End zu hören. Doch heute Abend war alles anders. Maman war nicht nach oben gekommen. Sie schien sich auch nicht im Mindesten um den Lärm zu kümmern, den sie machte. Die Boxen waren voll aufgedreht, und Maman sang laut zu *Me and Ms. Jones* von Billy Paul mit. Inka war beunruhigt, traute sich jedoch nicht aufzustehen und nach ihr zu sehen. Also blieb sie liegen. Gegen Mitternacht hörten die Geräusche auf, und Inka fiel in einen unruhigen Schlaf.

Am nächsten Morgen war Maman wieder ganz die Alte. Sie packte, die Melodie von *Me and Ms. Jones* pfeifend, ihre Koffer und setzte sich dann gut gelaunt an den Frühstückstisch. Inka bemerkte, dass Mamans Stimme heiser war. Deswegen fahre sie ja immer nach Sylt, entgegnete Maman. Wegen ihres Asthmas. An der Nordsee herrsche ein wohltuendes Reizklima für ihre kranken Bronchien. Während Maman dies sagte, schnitt Rolande Grimassen, als ob er ihr kein Wort glaube. Papá wies ihn zurecht und bat ihn, damit aufhören. Er duldete niemals ein schlechtes Benehmen gegen Maman und nahm sie bei jeder Gelegenheit in Schutz. Maman selbst kümmerte es wenig, ob Rolande sie ernst nahm oder nicht. Sie war in Erzähllaune, und so kam Inka doch noch zu ihrer Abschiedsgeschichte.

In Nordindien gab es um das 19. Jahrhundert herum eine Tigerin mit Namen Champawat. Sie hatte nicht weniger als vierhundertsechsunddreißig Menschen getötet und es damit ins Guiness-Buch der Rekord geschafft. Im Jahr 1907 wurde sie von Jim Corbett erschossen. Vor fünf Jahren waren Papá und ich in Nordindien unterwegs, und zwar in Rajasthan, das ist an der Grenze zu Pakistan. Wir reisten mit einem kleinen Zweimann-Zelt, was nicht gerade komfortabel war. Als wir unser Lager eines Tages in Jodhpur aufschlugen, erzählten uns andere Touristen, dass sich ein menschenfressender Tiger in der Gegend aufhielt. Er hätte bereits zehn Menschen getötet. Papá glaubte die Geschichte nicht und ging wie jeden Abend ruhig schlafen. Ich dagegen erinnerte mich an Champawat und hob vor unserem Zelt eine fünf Meter tiefe Grube aus. Auf ihren Boden legte ich eine Brocken blutiges Fleisch und deckte die Grube mit Ästen zu. Dann ging ich zu Papá ins Zelt und wartete. Gegen Morgen wurde ich belohnt. Zuerst hörte ich ein lautes Fauchen, dann ein tierisches Gebrüll. Papá richtete sich erschrocken im Bett auf: „Der Menschenfresser!" Ich sagte nur: „Du wolltest es ja nicht glauben." Ich öffnete das Zelt und trat in den grauen Morgen hinaus. Die Äste über der Grube waren durchbrochen. Ich schaute in das Loch. Da hatte ich doch tatsächlich den Tiger gefangen! Wütend fauchte er mich aus seiner Falle an, aber er hatte keine Chance, herauszukommen. So hoch kann kein Tiger springen. Nach Tagesanbruch kam die indische Polizei. Der Menschenfresser wurde erschossen, ich aber wurde am Abend bei einem riesigen Fest, das die Inder mir zu Ehren gaben, als Heldin von Jodhpur gefeiert.

Maman reiste ab, und Großmutter kam, um zu kochen. Wenn sie da war, gab es geregelte Mahlzeiten: Frühstück, Mittagessen und Abendbrot. Als Maman drei Wochen später von ihrem Aufenthalt auf Sylt zurückkam, war ihre Stimme noch heiserer als bei ihre Abreise. Sie wirkte erschöpft und erschien noch versunkener in sich selbst als sonst.

7 METAN

Ein halbes Jahr nach Mamans Syltreise packte Maman wieder das Reisefieber. Diesmal wollte sie gemeinsam mit Papá nach Tansania in Afrika reisen, um dort den Kilimandscharo zu besteigen. Vor ein paar Wochen hatte sie in Christian Krachts Buch „Metan" gelesen, dass Menschen in solchen Höhen enorm viel Gas furzen würden, Methan eben. Bergsteiger wie Reinhold Messner hätten dieses Geheimnis jedoch bisher immer für sich behalten. Maman fand das faszinierend und wollte unbedingt am eigenen Leib erfahren, wie sich so etwas anfühlt. Diesmal hatte Maman allen Grund, bei ihrer Abreise aufgeregt zu sein, denn es war das erste Mal, dass sie einen Berg besteigen würde. Eine Höhe von knapp sechstausend Metern war nicht zu unterschätzen. Dort oben war die Luft so dünn, dass man kaum noch atmen konnte. Papá war wegen Mamans Asthma strikt dagegen gewesen, diese Reise zu unternehmen. Er fand es absurd, sich ohne Vorbereitung auf solch ein Abenteuer einzulassen. Doch Maman hatte ihm so lange in den Ohren gelegen, bis er schließlich eingewilligt hatte. Madame la Souris war an diesem Morgen spürbar unruhig. Sie kreischte hysterisch, als würde sie ahnen, dass diese Reise unter einem schlechten Stern stand. Nach dem Frühstück verzog sie sich nicht wie gewohnt in ihre Baumhöhle, sondern versuchte, mit allerlei Albernheiten und Tänzchen um den Frühstückstisch auf sich aufmerksam zu machen. In der allgemeinen Aufregung wunderte sich niemand darüber. Nur Inka nahm davon Notiz. Nach dem Frühstück reisten die Eltern ab.

Gegen Mittag kam wie immer Großmutter zu Besuch, um während Mamans Abwesenheit zu kochen. Nach dem

Abendessen saßen Rolande und Inka im Wohnzimmer vor dem Fernseher und stritten darum, welches Programm gesehen werden sollte. Rolande wollte unbedingt ein Autorennen sehen, während Inka sich für ein Liebesdrama entschieden hatte. Großmutter schritt energisch ein und schaltete kurzerhand auf die Tagesschau im Ersten, womit der Streit geschlichtet war. Bereits der erste Beitrag kündigte die Katastrophe an. Ein Flugzeug war auf dem Weg von Frankfurt nach Dar es Salaam über Kenia abgestürzt. Ersten Berichten zufolge gab es keine Überlebenden. Großmutter wurde kreidebleich und schlug die Hände über dem Kopf zusammen. „Um Himmels Willen. Das ist doch die Maschine, mit der Maman und Papá unterwegs sind." Fassungslos starrte sie auf den Bildschirm, und als der Sprecher zum nächsten Beitrag überging, verbarg sie ihr Gesicht in den Händen und begann zu schluchzen. Ihre Schultern, ihr rotes, lockiges Haar, alles an ihr begann plötzlich zu zucken, als ob sie in einem Wagen säße, der durch lauter Schlaglöcher fuhr. Inka und Rolande saßen wie versteinert da und sagten nichts.

Das Telefon klingelte. Großmutter erhob sich und ging nach draußen, um den Hörer abzunehmen. Inka und Rolande verstanden nicht, was gesprochen wurde, doch Großmutter schluchzte noch lauter. Als sie aufgelegt hatte, kam sie mit verschwollenen Augen ins Wohnzimmer zurück. Etwas kleiner und noch blasser geworden, sank sie in einen Sessel. „Um Himmels Willen. Ihr seid doch noch viel zu jung, um eure Eltern zu verlieren."
Inka starrte auf einen dunklen Fleck an der Wohnzimmerwand, wo Papá einst eine große Spinne erschlagen hatte.

8 AUS HEITEREM HIMMEL

Am nächsten Morgen wurde Inka von Madame la Souris aus dem Schlaf geweckt. Sie brauchte eine Weile, um wach zu werden. Ihr Geist sträubte sich gegen die Tatsachen, die der gestrige Tag geschaffen hatte. Immer wieder zog es sie in den Traum zurück, in dem Maman und Papá unversehrt aus einem brennenden Flugzeug stiegen und ihr lachend zuwinkten. Durch die Bilder schnitt ein Gedanke, der sie in die Wirklichkeit des kalten Morgens holte. Maman und Papá waren tot. Alle beide. Abgestürzt. Aus heiterem Himmel, wie man so schön sagte, und was in diesem Fall sogar stimmte. Inka warf sich in Klamotten, die sie eigentlich hasste. Ein schwarzes Kleid und schwarze Strumpfhosen. Das fühlte sich genauso unwirklich an wie das, was passiert war. Zärtlich streichelte sie dem Äffchen über den Rücken und ging nach unten.

Rolande saß kauend über seinen Cornflakes mit Milch. Durch das Knuspergeräusch schoben sich seine Worte hindurch:

„Weißt du eigentlich… dass Maman verrückt war? Vor ihrer letzten Sylt-Reise… hat sie versucht… sich umzubringen."

Inka, die gerade dabei war, sich ein Stück Apfel in den Mund zu schieben, ließ langsam den Arm sinken und legte das Stück Apfel neben das Schälchen. Sie starrte auf das Porzellan, dessen kleine bunte Skelette zu tanzen begannen. Ein Geschenk von Maman aus Mexiko. Was hatte Rolande gesagt? Inka musste an die junge Frau aus dem Roman denken, die schließlich in der Psychiatrie gelandet war.

Ich habe dir nie einen Rosengarten versprochen. Die Beschreibungen hatten Inka Angst eingeflößt, aber das war es gewesen, was sie hatte weiterlesen lassen: diese schaurigschöne Angst, die sie nur deshalb genießen konnte, weil sie sich selbst in Sicherheit wusste. Mit der Sicherheit war es nun vorbei.

„Du lügst." Inkas Stimme kam heiser und trotzig heraus.

„Maman ist niemals auf Sylt gewesen. Wusstest du das nicht? Sie war in der Psychiatrie. Nach ihrem Selbstmordversuch wollte man sie sogar dort behalten. Sieh es mal positiv. Was wäre das denn für ein Leben gewesen?"

„Das kann nicht sein, Rolande, ich glaube dir kein Wort. Wegen ihres Asthmas. Deshalb musste sie verreisen. Weil ihr das Reizklima gut tat."

Die Skelette auf dem Schälchen bildeten jetzt ein Mäander, das Maman oft gemalt hatte.

„Du bist genau wie Maman und Papá, völlig chaotisch. Du wirst auch noch einmal verrückt werden, genau wie Maman."

Inka weinte jetzt Zornestränen. Sie nahm das Schälchen und stülpte es Rolande mitsamt dem Obst über den Kopf. Madame la Souris verzog die Lippen zu einem breiten Grinsen und schaute Rolande an, als wäre das ein Match, und er sei jetzt am Zug. Der nahm das Schälchen ruhig von seinem Kopf, hob das heruntergefallene Obst auf und bemühte sich um einen beiläufigen Tonfall:

„Ich habe jetzt das Abi fertig. Ich werde ein duales Studium beginnen. Halb Firma, halb BWL-Studium. Du wirst sehen, ich werde die Firma wieder groß machen. Größer, als sie zu Großvaters Zeiten war. Bevor Papá sie heruntergewirtschaftet hat."

Oben war jetzt ein Scharren zu hören. Großmutter war erwacht. Das Telefon klingelte. Inka nahm ab. Tante Alma, die Frau von Onkel Theo, Mamans Bruder, war am Apparat. Inka stellte sich auf das breite Bayerisch-Schwäbisch ihrer Tante ein.

„Inka, des is ja olles so furchdbar schregglich, was passiert isch. I kom nochher mol rüba, um euch zu helfa. Oigendlich wor eura Mudda scho imma etwas seltsom. Die isch verrügd gwäh wie der Hölderlin. Der isch doch in soinem Durm in Esslinga gstorba, odr?"

Inka legte auf, ohne etwas gesagt zu haben. Sie hatte keine Lust, sich Geschichten über Maman anzuhören. Was war das überhaupt für eine Art, sich über jemanden zu äußern, der gerade erst gestorben war. Sie suchte fieberhaft nach „Ich habe dir nie einen Rosengarten versprochen". Sie fand das Buch schließlich in dem Baum, in dem Madame la Souris schlief. Maman hatte es also vor ihr versteckt. Aber warum? Hatte sie Angst gehabt, dass Inka Fragen über diese Geisteskrankheit stellen würde? Oder über die Psychiatrie? Hatte das Buch mehr mit Maman zu tun, als sie glaubte? Fragen türmten sich in ihr auf, und zu ihrem Schmerz kam eine Verwirrung, die sie ganz schwindelig machte.

Zwei Tage später wurde Inka krank. Sie litt an Übelkeit und Verstopfung, doch nichts kam aus ihr heraus. Es war buchstäblich so, dass sie nicht loslassen konnte. Sie träumte von Maman und Papá und hielt sich an jeder Erinnerung fest wie eine Schiffbrüchige an Planken, die im Wasser trieben. Sie schlief mit Erinnerungen ein und wachte mit Erinnerungen auf. So vergingen die Tage.

Madame la Souris starb an Inkas achtzehntem Geburtstag. Bis dahin war sie Inka nicht von der Seite gewichen. Es war, als hätte der Geist von Maman noch in ihr weitergelebt. Inka begrub das Äffchen, obwohl es verboten war, auf einer wunderschönen Lichtung im Wald. Während sie schwitzend den weichen Waldboden aushob, musste sie an Mamans Erzählung von der fünf Meter tiefen Tigergrube denken. Pah, von wegen... Inka begann zu lachen, und während sie den Spaten immer heftiger in die Erde stieß, liefen ihr endlich Tränen über das Gesicht.

9 KRABBENWANDERUNG

Für den späten Nachmittag hatte sich Inka ein Balibett nahe beim Pool reserviert. Es hatte ein Reetdach und eine zwei Meter breite Matratze aus weißem Leder. Gleich neben dem Bett stand der Eiscooler mit dem Champagner. Endlich hatte sie Ruhe zum Schreiben. Nur der Meerwasserpool war zu hören. Das Geräusch der Wellen, die gegen den Beckenrand platschten, erinnerte Inka an die Südsee. Sie schlürfte an ihrem Champagner und vertiefte sich in eine Stelle aus Virginia Woolfs „Orlando". Der war gerade bei eisigem Winter in Russland angekommen.

„Der große Frost war, so erzählen die Historiker, der strengste, der diese Inseln je heimsuchte. Vögel erfroren mitten in der Luft und stürzten wie Steine auf die Erde."

Dieser Satz war genial. So genial! Begeistert warf sie den Kopf nach oben. Sie sah einen zwitschernden Spatz, der sich mitten unter dem Dach sein Nest gebaut hatte und nun aufgeregt hin- und herflatterte. Inka stellte sich vor, wie er mitten im Flug gefrieren und wie ein Stein herabfallen würde. Ein gefrorener Vogel bei 30 Grad plus! Inka kicherte. In ihrem Kopf spielte sie mit der Vorstellung von Gegensätzen und war schließlich so begeistert von sich selbst, dass es ihr mit einem Mal, als der Vogel eben wieder über sie hinwegflog, tatsächlich schien, als wäre da ein Stein, den jemand geworfen hatte. Doch gerade als sie ihr Glas hob, um sich noch ein Schlückchen vom Champagner zu genehmigen, landete ein Stück Vogelscheiße darin. Inka wischte sich den Champagner aus dem Auge. Dieses verdammte Viech! Ihre Imagination war schlagartig verflogen und sie verspürte jetzt keine Lust mehr, irgendetwas aufzuschreiben. Nicht einmal die Sache mit der Vogelscheiße selbst, die eigentlich recht lustig war. Doch der Vogel hatte ihren Genius verscheucht, und Inka verspürte nur noch das Gefühl einer brennenden Leere im Bauch. Mit diesem Brennen, das sich in ihrem Körper ausbreitete, würde sie keinen einzigen Satz mehr zustande bringen.

Wütend schleuderte sie ihr Notizbuch auf die Wiese, das mit dem Deckel nach oben zum Liegen kam, als ob es nie geöffnet gewesen wäre. Aus dem Gras leuchtete ihr der Titel entgegen, den sie in Schönschrift auf den dunkelgrauen Pappdeckel geschrieben hatte: „Ich habe viel zu viele Zähne im Mund, jetzt schmeißen sie das Zeugs auf die Gleise." Dieser Satz war ihr vor ein paar Monaten nach einer Partynacht, in der sie nicht geschlafen hatte, eingefallen. Und jetzt? Ein großes Nichts.

Am Abend war sie so müde vom Nicht-schreiben-können, dass sie nicht einmal mehr ins Restaurant ging, um ihren Hunger zu stillen.

Sie schlief sanft auf dem Sofa ihrer Suite bei laufendem Fernseher ein und erwachte morgens mit großem Hunger. Vielleicht würde Sport helfen? Sie holte ihre nagelneuen Sportklamotten, an denen noch das Preisschild hing, aus dem Schrank, um sicher zu gehen, dass sie sich nach dem Frühstück auch aufraffen würde, sich auf die Strandpromenade zu begeben, um dort zu laufen. Vor drei Jahren hatte sie das neongelbe Funktionsshirt von Adidas und die schwarz-lila-farbenen Asics gekauft, um sich endlich das erste Mal seit dem Schulsportunterricht wieder zu bewegen. Doch da sie meistens bekifft oder betrunken gewesen war, war es nie dazu gekommen. Inka dachte, dass sie eigentlich nie besonders sportlich gewesen war. Kein Wunder, dass sie sich zum Laufen zwingen musste. Sie erinnerte sich, wie sie einmal während einer Turnstunde bei einer Pirouette vom Schwebebalken gefallen war. Und statt *über* den Bock war sie mehrmals in den Bock hineingesprungen und mit ihm umgefallen. Im Schwimmunterricht glitten ihre Mitschüler mit eleganten Hechtsprüngen ins Wasser, während sie nie mehr als einen kümmerlichen Bauchklatscher zustande brachte. Den brennenden Schmerz hatte sie noch Stunden nach dem Aufprall gespürt.

Während sie solch peinlichen Gedanken nachhing, machte sie sich fertig zum Frühstück. Im Restaurant bekam sie einen Tisch in einer dunklen Ecke. Da der geordete Kaffee und die Milch auf sich warten ließen, holte sie ein Glas Orangensaft vom Buffett und beschloss, heute überhaupt nichts mehr zu essen. Eine Diät passte viel besser zu ihrem geplanten Sportprogramm als ein üppiges Frühstück.

Als sie mit ihrem Saft zurückkam, standen zwei Silberkannen auf dem Tisch. Sie goss sich Kaffee ein und wollte Milch dazugeben doch aus der Kanne kam eine wässrige Flüssigkeit, die mit Milch ziemlich wenig zu tun hatte. Schon leicht genervt winkte sie nach dem Ober, doch der war sichtlich bemüht zu zeigen, dass er auch noch andere Gäste bedienen musste, und ließ sich Zeit. Als er schließlich kam, war sie schon so verärgert, dass sie demonstrativ die Kanne mit der Wassermilch vor seinen Augen ausleerte. Sie orderte neue Milch und eine neue Tasse. Doch auch die Milch war wässrig. Und die folgende. Der Ober schien fassungslos darüber und stammelte etwas von Patrone wechseln und Missgeschick. Nach einer halben Ewigkeit kam eine neue Kanne mit Milch, doch diesmal hatte Inka keine Tasse mehr. Das konnte doch alles nicht wahr sein! Sie stand auf, um sich an der Theke eine Tasse zu holen, doch der Ober kam ihr geflissentlich entgegen und bewog sie, sich doch wieder zu setzen, er würde ihr sofort eine bringen. Das „sofort" erwies sich natürlich als gelogen, denn unterwegs kam ihm ein weiterer Gast entgegen, der ihn zu seinem Tisch lotste, an dem drei weitere Gäste erst einmal ihre Bestellung aufgaben.

Inka holte sich ein gekochtes Ei, denn es erschien ihr mit einem Mal ganz absurd, so viel Zeit in einem Frühstücksrestaurant zu verbringen, ohne etwas zu essen. Zurück an ihrem Platz stand dort jetzt tatsächlich auch eine Tasse, und alles schien in bester Ordnung. Inka köpfte ihr Ei und schüttelte den Salzstreuer über den flüssigen Dotter. Doch null Salz kam heraus. Inka wurde nun richtig wütend und fauchte in sich hinein: „Und das soll ein Fünf-Sterne-Luxus-Hotel sein!" Sie ließ das geköpfte Ei stehen und verließ erhobenen Hauptes den Frühstückssaal. Während sie wütende Blicke um sich warf und den anderen Gästen deutlich zeigte, was sie von diesem Laden hielt, dachte sie, dass es ja auch etwas Gutes hatte. Denn nun verspürte sie so viel Wut, dass sie genug Energie hatte, um sich beim Laufen auf der Strandpromenade so richtig auszutoben.

Obwohl ihre Brandblase schmerzte, lief sie zügig los. Die Strandpromenade war um diese Zeit fast leer. Am Mast war die rote Flagge gehisst. Es würde einen Sturm geben. Das Meer war bereits aufgewühlt, und Inka freute sich über die unruhigen Wellen, die links von ihr mit weißen Kronen auf den Strand rollten. Sie lief schneller, bis das Blut in ihren Schläfen pulsierte. Die tosende Flut zog sie magisch an, und sie dachte plötzlich wie es wohl wäre, sich dem Spiel der Wellen zu überlassen. *Wie Virginia Woolf*, hämmerte es hinter ihrer Stirn. Eines Tages hatte sie sich die Taschen ihres Kleides voller Steine gepackt und war bei einem nahegelegenen Fluss ins Wasser gegangen.

Wie ähnlich sie ihr doch war, dachte Inka. Sie lief viel zu schnell und bekam Seitenstechen. Doch sie würde nicht stehenbleiben. Nicht jetzt, wo sie sich Virginia so nahe fühlte. Sie feuerte sich weiter an, keuchte den Felsen hinauf, immer weiter, bis sie zu einer Mauer aus aufgetürmten Lavasteinen kam, auf der sich unzählige Eidechsen sonnten. Wie auf Kommando verkrochen sie sich zwischen den Steinen. Ja, so würde sie sich auch gerne verkriechen. Diese Welt, in die sie hineingeboren war, schien nicht die richtige für sie zu sein. Oder war *sie* am Ende nicht richtig für diese Welt? Wie sehr sie doch Maman glich. Beide so weltfremd. Und sie, Inka, verrückt wie Virginia Woolf. Aber alle drei Genies! In Inkas Kopf begann ein Feuerwerk, und berauscht von sich selbst lief sie immer schneller. Plötzlich hörte sie hinter sich Schritte. Holte sie etwa jemand ein? Sie versuchte noch schneller zu laufen, doch da wurde sie bereits von den zwei Lesben überholt, deren muskulöse Beine geschmeidig über den Asphalt glitten.

Typisch, dachte Inka, wirklich typisch. Immer war sie die Verliererin!

Zu allem Überfluss begann auch noch der andere Schuh an der Ferse zu scheuern. Noch ein paar hundert Meter, und sie würde eine weitere Blase davontragen. Von wegen genial. Eine Prinzessin auf der Erbse, das war sie.

Wütend auf sich lief sie weiter auf einem von EU-Geldern finanzierten Fahrradweg, auf dem sie noch nie einen Fahrradfahrer gesehen hatte. Sie lief weiter und immer weiter, umrundete getrocknete Hundehaufen und sprang über zertretene Kakerlaken. Fast hätte sie eine Absperrung überrannt, hinter der jäh und steil der Hang abbrach. Am Tor einer Villa war plötzlich ein riesiger Hund aufgetaucht und hatte Inka wütend angebellt. Mit wild klopfendem Herzen stand sie nun vor einem rot-weißen Absperrband und blickte hinunter auf das tosende Meer. Über die Klippe krochen tausende kleine Krabben, die sich auf den schwarzen Steinen so perfekt tarnten, wie sie es für sich selbst gewünscht hätte.
Hier war jedenfalls erst einmal Endstation.

10 PARALLELWELTEN

Als Inka zurück im Hotel in den Spiegel sah, erschrak sie über ihr hochrotes Gesicht. Sie hatte es diesmal wohl etwas übertrieben mit dem Laufen. Ihre rechte Ferse schmerzte und in den Schläfen pulsierte wie verrückt das Blut. Doch das wirklich Schmerzhafte war die Leere in ihrem Kopf. Nicht ein einziger Satz war ihr in den Sinn gekommen. Nicht ein einziges Wort, dem sie in verschiedenen Wendungen immer wieder neue Bedeutungen hätte geben können. Nichts. Obwohl sie ihren Geist durch den Sport gründlich geleert hatte, damit er sich wieder mit genialen Gedanken füllen konnte, blieb es still hinter ihrer Stirn. Was war sie nur für eine Versagerin.

Obwohl es heller Mittag war, öffnete sie eine Flasche Rotwein. Der Wein schmeckte pelzig auf ihrer trockenen Zunge, doch er beruhigte den Puls. Sie schenkte sich ein zweites Glas bis zum Rand ein. Auf nüchternen Magen würde sie ziemlich schnell betrunken sein, doch was machte das schon. Sie schnappte sich „Orlando" und legte sich mit dem Buch aufs Bett. Dort blätterte sie noch einmal zum Anfang zurück und suchte nach der Stelle, an der Orlando mit einem Säbel gegen einen Schrumpfkopf kämpfte. Sie erinnerte sich, wie der Satz sie buchstäblich betäubt hatte, als sie ihn zum ersten Mal gelesen hatte.

„Manchmal durchschnitt er die Schnur, so dass der Schädel auf den Boden plumpste und er ihn wieder aufhängen musste, wobei er ihn mit einiger Ritterlichkeit fast außerhalb seiner Reichweite befestigte, so dass sein Feind ihn durch geschrumpfte, schwarze Lippen triumphierend angrinste."

Als sie die Stelle jetzt erneut las, erinnerte sie sie an ein schrumpfkopfähnliches Gebilde, das im Dachstuhl ihrer Villa an einer Tür hing und jedes Mal im Wind schaukelte, wenn man die Dachluke öffnete. Maman hatte es von einer Reise nach Ecuador mitgebracht. Inka dachte darüber nach, wie viele Parallelen es in ihrer und Virginias Welt gab. Hatte der Mann von Virginia Woolf, ein Jude, nicht ebenfalls ein kleines Äffchen in seinem Besitz gehabt, ganz ähnlich wie Madame la Sourie? Mit dem Äffchen auf der Schulter war er zusammen mit Virginia in seinem Cabrio während des zweiten Weltkrieges durch ganz Nazideutschland gefahren. Es hatte die beiden gerettet, denn die Nazis waren von dem Tierchen dermaßen entzückt, dass kein Verdacht entstand. Wer solch ein süßes Äffchen besaß, konnte gewiss kein Jude sein.

Und es gab weitere Gemeinsamkeiten in Virginias und Inkas Leben. Virginia Woolf war bisexuell gewesen. Und sie hatte einen Hang zum Wahnsinn, wie ihn Inka von ihrer Mutter geerbt hatte.

Inka, die mittlerweile die ganze Flasche geleert hatte, wurde immer euphorischer. Wie genau das alles zusammenpasste! Diese exakten Übereinstimmungen konnten doch nicht nur Zufall sein. Sogar die Kreise, in denen Virginia Woolf sich bewegt hatte, waren denen von Inka ähnlich. Virginia hatte sich in ihrer Bloomsbury Group immer im Milieu der Reichen befunden, und auch Inka, selbst wenn sie nichts damit anzufangen wusste, war in solch ein Milieu hineingeboren worden. Zudem – bei diesem Gedanken geriet Inka vollends aus dem Häuschen – war Virginias Mutter bereits früh gestorben. Genau wie Maman! Und wie Virginia hatte Inka sich immer verlassen gefühlt. Nicht zu vergessen: Beide waren sie Raucherinnen!

Das alles konnte eigentlich nur eins bedeuten: Sie, Inka Ziemer, war die Reinkarnation von Virginia Woolf. Jetzt müsste sie nur noch schreiben. Sie wusste, dass sie es konnte. Dass es bisher nicht geklappt hatte, war nur dieser blöden Schreibblockade geschuldet. *Schreibblock... Ade!* Über diesem Wortspiel, das noch einige Gedankenschleifen in ihr zog, dämmerte Inka schließlich hinweg, den aufgeklappten Orlando auf ihrer Brust.

Am nächsten Morgen war La Gomera unter einer Zuckerwattewolke begraben, während dahinter der *Pico del Teide* bedrohlich grollte. In dem Vulkan, so erzählte es die Legende, war einst der Sonnengott von einem bösen Dämon gesperrt worden. Nun, zumindest für heute konnte man der Geschichte Glaubens schenken, dachte Inka. Über der Insel lag eine bedrückende Schwüle, und es würde später sicher noch ein starkes Gewitter geben.

Inka ging trotzdem hinunter zum Strand, denn auf ihrem Balibett würden ihr geniale Gedanken kommen. Das Kribbeln im Bauch konnte sie jetzt schon spüren. Schwungvoll bestellte sie sich ein Glas Champagner bei einem der Kellner, die um diese Zeit unterbeschäftigt an der Bar des Pooles herumstanden und tratschten. Ihre Totenkopftasche über die Schulter gehängt, das Champagnerglas in der einen und „Orlando" in der anderen Hand schlenderte sie zu ihrem Balibett und machte es sich bequem. Im Buch suchte sie nach einer ihrer beiden Lieblingsstellen und begann, Zeile für Zeile zu lesen, wobei sie die Lippen bewegte und leise mitsprach. Inka kostete jedes Wort aus. Wie genial Virginia doch gewesen war. Jeder Gedanke von ihr konnte der bereits bestehenden Welt etwas Neues hinzufügen.

Ob sie, Inka Ziemer, jemals so gut würde schreiben können? Inka fiel der gestrige Abend wieder ein, und dass sie sich ziemlich sicher gewesen war, eine Reinkarnation von Virginia Woolf zu sein. Es hatte sich toll angefühlt, aber auch ziemlich abgedreht. Der anstrengende Lauf und der Alkohol hatten ihre Wirkung nicht verfehlt, und sie hatte sich mit Virginia so richtig *eins* gefühlt. Ihr Genie war auf sie übergegangen. In solch einem Zustand, dachte Inka, müsste sie doch genauso gut wie Virginia schreiben können. „*Inka Ziemer. Jede Zeile eine Inspiration. Jedes Wort eine Offenbarung.*" In Gedanken malte sich Inka bereits aus, was Kritiker über ihr Romandebüt schreiben würden. Selbstverständlich würde sie trotz ihrer Berühmtheit immer bescheiden bleiben. In Interviews zu ihrem Erfolg befragt, würde sie den Journalisten antworten, dass all dies nichts mit ihrer Genialität zu tun habe. Stattdessen würde sie auf ihre Disziplin verweisen und auf den Schweiß, der in jede Zeile geflossen war.

Inka nippte an ihrem Champagner und lächelte versonnen bei dem Gedanken, dass Leute sie auf der Straße erkennen und nach einem Autogramm fragen würden, während sie eben nur mal schnell im Supermarkt einkaufen wollte.

Plötzlich legte sich direkt neben ihr ein Fleischberg in einen der Liegestühle und begann lautstark zu schnarchen. Inka versuchte, sich nicht davon ablenken zu lassen. Zu schön war der Gedanke, durch Virginias Inspiration schreiben zu können. Sie zückte ihren Stift, holte ihr Notizbuch aus der Totenkopftasche und setzte zu einem ersten Satz an. Doch es erschienen nur Textpassagen von Virginia auf dem fein linierten Papier. Wie sehr sich Inka auch bemühte, sie bekam keinen einzigen Satz hin, der ihr eigener gewesen wäre. Der Fleischberg neben ihr schnarchte immer lauter, und nach einer halben Stunde war ihre Konzentration vollkommen dahin.

Sie war eingeschlafen, und als sie erwachte, ging gerade die Sonne unter. Der Sonnengott hat sich doch noch befreit, dachte Inka. Am Himmel zeigte sich ein bedrohlicher Blutball, der seinen glühenden Zorn über das Meer erbrach, das in einem ewigen Auf und Ab mit seinen Schaumkronen spielte. Inka schaute sich um. Der Fleischberg war verschwunden. Neben ihrer Liege lag aufgeklappt das Notizbuch am Boden, das beim Einschlafen heruntergefallen sein musste. Sie zog den Stift unter sich hervor, auf dem sie gelegen und der einen schmerzhaften Abdruck auf ihrer Hinterbacke hinterlassen hatte.

Inka malte einen Kreis auf das Papier, kritzelte ihn aus und schrieb darunter das Wort „Blutball". Dann schloss sie die Augen und ließ den Blutball durch ihren Körper wandern. Vielleicht würde ja so eine Art Meditation helfen. Sie schob ihn aus ihrem Kopf hinunter in den Brustkorb, wo er sich an ihrer Herzwand festsetzte und unrhythmisch zu pulsieren begann. *Vorhofflimmern* schoss es Inka plötzlich durch den Kopf, und zum ersten Mal, seit sie sich mit dem Gedanken an das Schreiben trug, verspürte sie so etwas wie Panik. Wieder hatte sie nichts zustande gebracht. Kein einziger, genialer Gedanke war ihrem Hirn entsprungen. Nur der „Blutball" hatte sich in ihrem Kopf festgesetzt, war durch ihren Körper gewandert und hatte ihren ganzen Rhythmus durcheinandergebracht, anstatt etwas Kreatives hervorzubringen.

Sie musste sich jetzt erst einmal beruhigen. Ärgerlich packte sie ihre Sachen zusammen und beschloss, sich an der Poolbar einen Weißwein zu genehmigen.

Als sie den Hang hinaufstieg, sah sie, dass sich bei der Strandbar eine Gruppe betrunkener, rothaariger Engländer versammelt hatte, und Inka wusste mit einem Mal, warum sie immer in *dieses* Hotel reiste. Mit ihrem feuerroten Haar fühlte sie sich hier unter Gleichartigen. In Deutschland schienen echte Rothaarige fast ausgestorben zu sein. Hier wimmelte es geradezu von ihnen. Es schien, als ob ganz England ausgewandert wäre, um sich in diesem Hotel auf Teneriffa niederzulassen.

Sie schob sich auf einen freien Stuhl an der Bar und kramte in ihrer Tasche nach dem zweiten Buch von Virginia Woolf. „Die Wellen" war ebenso genial wie „Orlando", und vielleicht würde ihr dieses Buch die göttliche Intuition liefern, die sie jetzt so dringend brauchte. Der Ober brachte ihr Weißwein und Erdnüsse. Als sie das Glas hob, blieb wieder einmal der Papieruntersatz am Boden des Glases kleben. Sie schämte sich wie immer an dieser Stelle. Wie lächerlich musste es aussehen, wenn dieses blöde Ding da unten klebte, während sie elegant am Wein nippte und dabei auch noch die Finger abgespreizte. Sie löste den Untersatz vom Boden und schaute sich um, ob jemand sie beobachtet hatte. Doch die Engländer waren mit sich selbst und ihren Witzen beschäftigt, die sie über andere Nationen machten, und der Typ auf dem Stuhl neben ihr saß stumpfsinnig über seinem Bierglas und nahm kaum Notiz von ihr. Inka pickte sich Erdnüsse aus dem Schälchen, aber nur diejenigen, die noch ganz waren. Die in der Hälfte geteilten ließ sie stehen. Als ein Spatz sich mitten auf den Tisch setzte und sein Köpfchen hin und her drehte, als wollte er sagen, füttere mich, schob sie ihm das Schälchen mit den Erdnüssen hin. Sie wollte jetzt endlich lesen und schlug das Buch auf. Es handelte sich um eine Taschenbuchausgabe, deren Umschlagbild so abstrakt war, dass Inka bis jetzt nicht erkannt hatte, was es darstellte. Dieses Cover, dachte sie, passte so gar nicht zur Sprache Virginias. Die war klar, und sie las sich wie ein einziges Gedicht.

„Die Welle hielt inne und zog sich dann wieder zurück, seufzend wie ein Schlafender, dessen Atem unbewußt kommt und geht."

Was für ein geniales Bild, dachte Inka. Sie konnte dem Drang nicht widerstehen, einen der dann folgenden Sätze in ihr Notizbuch zu schreiben.

Dahinter klärte sich auch der Himmel, als hätte sich dort die weiße Ablagerung gesetzt, oder als höbe der Arm einer Frau, die hinterm Horizont ruhte, eine Lampe in die Höhe... An dieser Stelle brach Inka ab und vervollständigte den Satz mit ihren eigenen Worten. *...deren Licht uns zwang, die Augen zu schließen, und als der Sonnengott die Bahn betrat, versengte ein Glutball die Wimpern, als sei man im Vorhof zur Hölle.*

Oh, ein eigener Satz! Das war es. Sie musste in Virginias Sätze hineinschreiben wie in einen Flickenteppich. Man konnte heutzutage sowieso nur noch sampeln, es gab ja bereits alles. Die Kopie der Kopie der Kopie. Nachdenklich schaute sie auf. Die Lampen in der Bar sahen aus wie aufgeblasene Kondome. Eigentlich war das meiste hier hässlich, dachte sie, verglichen mit den Eindrücken, die sie beim Lesen von Virginias Sätzen empfand. *„Inseln von Licht schwimmen auf dem Gras"*, sagte Rhoda. *„Sie sind durch die Bäume gefallen..."* Inka vervollständigte auch diesen Satz: *„...und sehen aus wie Elfen, die auf dem Moosboden tanzen."*

Elfen, die auf dem Moosboden tanzen, hervorgezaubert von sich brechenden Lichtwellen. Wie einfach ihre Phantasie mit einem Mal funktionierte. Dabei hatte sie noch gar nichts genommen, ja nicht einmal besonders viel Alkohol getrunken. Sie war noch immer beim ersten Glas Wein und hatte bereits den zweiten Satz hervorgezaubert. Sätze, die ihre eigenen waren! Es fühlte sich herrlich an. Alles, was sie tun musste, war sich der Wortgewalt Virginias zu überlassen und von dort aus ihren eigenen Assoziationen folgen.

Inka verschwand jetzt gedanklich zwischen schwarzen Käfern und Skeletten auf dem Boden, deren tote Blätter sich in Winkeln häuften und brachte von dort ihre eigenen Sätze hervor. Sie schrieb von Totenköpfen, die sich über den Bauch einer schwangeren Frau spannten, von den weinenden Augen einer Katze, die im Arm eines Bärtigen mit Springbrunnenzopf saß und von Schmetterlingen, deren tanzende Larven die Lämmer zum Schweigen brachten.

Endlich kam ihr Genius zum Vorschein! Sie war noch viel besser als Virginia Woolf! Aufgeregt fuhr sie sich mit der Zunge über die von der Hitze aufgesprungene Unterlippe, deren Risse vom Salz der Erdnüsse und von der Aufregung brannten. Bepanthen, sie brauchte unbedingt Bepanthen. Im Geiste durchforstete sie ihr Reisegepäck. Vergessen das Bepanthen, vergessen in der alten, schimmeligen Schublade. Aber was machte das schon. Sie würde sich in einer der unzähligen Boutiquen einen Lippenbalsam kaufen, oder eine *Botica* finden, in der es Heilsalben gab. Was jetzt viel mehr zählte war, dass ihr Genie sie nicht wieder verließ. Morgen würde sie dieselbe Technik noch einmal anwenden, und wenn sie genügend eigene Sätze geschrieben hatte, würde sie alle ordnen und ihnen einen Titel geben.

Inka dachte darüber nach, wie ihr neuer Roman heißen könnte: *Orlando reloaded* vielleicht. Oder *Die Wiederkehr der Virginia Woolf* ? Nein, das war alles viel zu plakativ. Aber der Titel musste auf jeden Fall ihre eindeutige und unverkennbare Ähnlichkeit mit Virginia ausdrücken.

Für heute reichten Inka ihre Geniestreiche. Sie zahlte und ging aufs Hotelzimmer. Dort schmierte sie sich Nasencreme auf die brennenden Lippen und auf jene Stelle am Po, wo sie auf dem Stift gelegen hatte. Dort hatte sich ein kleiner, aber schmerzhafter Abszess gebildet. *Pain in the ass.* Inka nahm sich vor, morgen genauer über die Bedeutung der Tatsache nachzudenken, dass ihr ausgerechnet ein Schreibinstrument solche Schmerzen verursachte.

Dann schaltete sie Teletext ein. In Deutschland war offenbar ein Psychologe bei einem Gespräch mit seinem Klienten niedergestochen worden. Bei dem Täter handelte es sich um einen Flüchtling aus Syrien. Sie holte die Zeitung, die sie vorhin beim Kiosk gekauft hatte. Nichts. Da stand keine Zeile von dem Vorfall. Sie blätterte weiter bis Seite fünf. Dort fand sich eine knappe Notiz, in der nichts über den Täter gesagt wurde.

Warum, fragte sich Inka, wurde dieses Detail verschwiegen? Es war klar, dass man niemanden vorverurteilen durfte. Andererseits, wer in letzter Zeit zu sehr betonte, dass ein Syrer in irgendeine Sache verwickelt war, wurde schnell der Fremdenfeindlichkeit bezichtigt.

Im Grunde wusste Inka nicht, wie sie darüber denken sollte. Sie hatte sich nie sonderlich für Politik interessiert. Aber sie war allem Fremden gegenüber immer aufgeschlossen gewesen. Es faszinierte sie wie die Erzählungen von Maman, denen sie als Kind mit einer seltsamen Mischung aus Neugier und Furcht gelauscht hatte. Aber sie hatte wie viele Andere ein Gefühl des Unbehagens gegenüber *diesen* Fremden entwickelt, die sich nach der anfänglichen Begeisterung doch nicht so geschmeidig in das bestehende Gefüge einpassen wollten, wie man gemeinhin angenommen hatte. Das Buch über den Anti-Terror-Kampf, das sie kurz vor ihrem Abflug in der Buchhandlung des Flughafens gekauft hatte, sollte dieses Unbehagen im Grunde lindern. Dabei wusste Inka mit der ganzen Logik ihres Verstandes, dass die Wahrscheinlichkeit, während eines Urlaubsfluges von einem Attentäter in die Luft gesprengt zu werden, verschwindend gering war. Statistisch gab es eine viel höhere Wahrscheinlichkeit, bei einer Autofahrt in einen Unfall verwickelt zu werden.

Wie dem auch sei, die öffentliche Debatte darüber wurde kaum sachlich geführt, und dass die Presse einfach verschwieg, dass es sich bei dem Täter um einen Syrer handelte, würde garantiert Staub aufwirbeln.

Sie holte noch einmal ihr Notizbuch hervor und las in dem Mosaik aus Sätzen, das sie vorhin in der Strandbar geschrieben hatte. Plötzlich verließ sie der Mut. Das war doch kein Roman! Das war purer Schwachsinn. Es gab nicht einmal den Ansatz einer Handlung. Nur Gedankenstriche, die zwar jeder für sich etwas bedeuteten, die aneinandergereiht jedoch überhaupt keinen Sinn ergaben. Dabei war das schlüssige Aneinanderreihen von Details, die sich zu Geschichten fügen, immer ihre Stärke gewesen. Damals, in der Schule, hatte sie für ihre Aufsätze eine Eins nach der anderen kassiert. So ein Talent ging doch nicht einfach verloren.

Es muss an dieser blöden Schreibblockade liegen, dachte Inka. Das war etwas, an das sie nicht herankam. Inka hatte bereits früher nachgedacht. Doch die Vorstellung, einem wildfremden Menschen in weißem Kittel vom Verlust ihrer Eltern zu erzählen, war ihr damals absurd vorgekommen. Das hier war jedoch etwas anderes. Sie musste unbedingt herausfinden, woher das Gefühl ihrer Verwandtschaft mit Virginia kam, und warum sie, trotz ihrer Genialität, nicht schreiben konnte wie sie.

Sie öffnete den Browser in ihrem Handy und gab bei Google „Therapie" und „Verwandtschaft herausfinden" ein. Die Suchergebnisse waren schwach. Sie wollte weder den Kontakt zu ihrer Verwandtschaft abbrechen, noch brauchte sie eine Übersicht über die verschiedenen Verwandtschaftsgrade. Inka ergänzte die Begriffe „Blockade auflösen" und „Stuttgart", und nach etlichen Vorschlägen zur Auflösung von Wirbel- und Lernblockaden fand sie endlich das Passende. „Kreative Blockaden unter Hypnose auflösen". Inka klickte im Menü Über mich an. Der Therapeut hieß Julian Meister und war fünfunddreißig Jahre alt. Er gefiel Inka auf Anhieb. In seinem Lebenslauf fanden sich neben einer abgebrochenen Schauspielausbildung und einem Diplom als Psychotherapeut eine Reihe illustrer Weiterbildungen: Einweihung in Reiki Grad eins und Grad zwei, Schamanisches Reisen und Channeling. Was Inka jedoch am meisten interessierte, war eine Spezialausbildung in Past Life Regression, die Herr Meister offenbar an einem renommierten Berliner Institut absolviert hatte, denn der Name war im Fettdruck hervorgehoben.

Das ist es, dachte Inka. Falls sie tatsächlich eine Reinkarnation von Virginia Woolf war, würde Julian Meister es mit Sicherheit herausfinden.

Sie telefonierte mit der Praxis und bekam sofort einen Termin. Danach rief sie das Reisebüro an und buchte ihren Flug auf den nächsten Morgen um. Als sie alles erledigt hatte, war sie so erleichtert, dass sie sich zur Belohnung eine Zigarette anzündete und ein Glas Champagner in sich hineingoss. Beflügelt begann sie zu packen.

11 ERIKA

Am Abend ging sie noch einmal in die Hotelbar. Der Raum war in ein schummriges Licht getaucht, sodass die Gäste, von denen Inka bei Tageslicht niemanden ansprechend fand, nun alle viel schöner und interessanter aussahen. Obwohl sie sich vorgenommen hatte, nicht zu viel zu trinken, standen kurz vor Mitternacht drei Gläser Rotwein und zwei Whiskey auf ihrem Zettel, den sie jetzt mit den Worten „Zahlen bitte" dem Mann hinter der Theke zuschob.

„Wollen Sie wirklich schon gehen?"

Überrascht drehte sich Inka in die Richtung, aus der die Stimme kam. Beinahe verlor sie dabei das Gleichgewicht. Die Frau saß offenbar schon eine Weile neben ihr, doch Inka war so sehr mit ihrem Nicht-Schreiben-Können beschäftigt gewesen, dass sie es nicht bemerkt hatte. Bis diese Frau sie nun ansprach. Ob sie noch einen Whisky zusammen trinken wollten? Sie sähe so traurig aus. Und ob sie nicht auch fände, dass man die ganze Männerwelt vergessen konnte?

Wie sich herausstellte, war die Frau Schauspielerin, hieß Erika und kam aus Wuppertal. Inka schätzte sie auf Mitte Dreißig, war jedoch zu höflich, um direkt nach ihrem Alter zu fragen. Außerdem interessierte es sie nicht sonderlich. Glücklicherweise sprach Erika so gut wie keinen Dialekt. Inka fand, dass sie mit ihren grauen Haaren und leuchtend blauen Augen etwas von einer Zauberin hatte. Sie war auf jeden Fall sehr attraktiv. Inka war nun schlagartig wieder nüchtern und versuchte einzuschätzen, ob sich mit Erika eine passende Gelegenheit für einen One-Night-Stand bot. Denn eine echte Beziehung mit Verpflichtungen einzugehen, das war etwas, das ihr so fern wie eine Mondlandung erschien.

In Erikas Klagelied einstimmend, begann Inka über die Männer herzuziehen. Dabei spulte sie ein Klischee nach dem anderen ab, obwohl sie überhaupt nicht so dachte. Denn sie hatte nicht nur mit Frauen, sondern auch mit Männern schöne Erfahrungen gemacht. Doch Erika schien schwer enttäuscht worden zu sein, und Inka hatte das Gefühl, dass es nicht zielführend war, Erikas Sicht auf die Männerwelt infrage zu stellen. Bestätigung. Das war es doch, wonach alle suchten. Die Wirklichkeit, dachte Inka, war eine ganz andere Sache.

Nach einer Stunde war Erika genauso betrunken wie Inka, und da die Musik immer lauter wurde und eine Unterhaltung kaum noch möglich war, beschlossen beide, nach oben zu gehen. Nach einer kurzen Stippvisite durch Erikas Zimmer ließ Inka kurzerhand ein Kleidungsstück nach dem anderen fallen, bis sie völlig nackt mitten im Zimmer stand. Das war eindeutig, und Erika begann nun ebenfalls, sich auszuziehen, wobei sie umständlich ihren Rock über den Kopf zog und dabei die Haare im Reißverschluss einklemmte. Inka kam ihr lachend zu Hilfe, und schließlich landeten sie beide im Bett. Doch was sich zunächst so gut anließ, wurde für Inka schnell zu einer quälenden Angelegenheit. So sehr sie die Frau auch stimulierte, wobei sie nach allen Regeln der Kunst verfuhr, blieb diese trocken wie ein alter Zwieback. Ein Orgasmus, sowohl für die Frau als auch für sie selbst, schien in weiter Ferne zu liegen. Außerdem fühlte sich ihre Haut ledrig und rau an, was Inka zuerst nicht bemerkt hatte. Doch je mehr die berauschende Wirkung des Alkohols verflog, desto mehr hatte Inka das Gefühl, eine ihrer Bartagamen zu streicheln.

Nachdem sie sich bereits über eine Stunde abgemüht hatte, hörte sie plötzlich leises Schnarchen. Inka, den Kopf noch zwischen Erikas Beinen, schaute ungläubig nach oben. War das zu fassen? Während der ganzen Zeit hatte diese Frau nur genommen und nichts gegeben. Dass sie jetzt einfach einschlief, brachte das Fass zum Überlaufen. Wütend suchte Inka ihre Sachen zusammen, stieg hastig in ihre Leggins und zog sich das T-Shirt über. Die Unterwäsche stopfte sie in die Tasche. Fluchtartig verließ sie das Zimmer, wobei sie die Tür laut hinter sich zuwarf.

Als sich der Fahrstuhl öffnete, stand plötzlich wie aus dem Boden gewachsen der IS-Terrorist vor ihr. Inka war perplex. Er hatte seinen Bart abrasiert, war braun gebrannt und grüßte sie in akzentfreiem Deutsch, wobei er verschmitzt lächelte. Noch bevor sie seinen Gruß erwidern konnte, war er bereits an ihr vorbei auf den Flur entwischt. Die Tür schloss sich, und während Inka die Nummer des Stockwerkes drückte, atmete sie mit geschlossenen Augen den Duft seines Aftershaves ein, der im Fahrstuhl hängen geblieben war.

Angekommen auf ihrem Zimmer, löste sie ihre Spannung, indem sie in Gedanken an den Terroristen masturbierte. Während sie zum Höhepunkt kam, bedauerte sie es fast, dass sie umgebucht hatte. Doch Virginia Woolf war stärker.

12 GELBE ZETTEL

Da es bereits Abend war, hatte sich Inka ein Taxi vom Flughafen Stuttgart zu ihrer Villa am Killesberg genommen. Als sie vor der Tür stand und in ihrer Tasche nach dem Schlüssel suchte, bemerkte sie einen Sprung im Glas der Jugendstiltür, und als sie die Tür öffnete, fiel von der Hauswand etwas Putz, der in ihrem roten Haar hängenblieb. Drinnen roch es nach abgestandenem Zigarettenrauch. Sie öffnete die Fenster in Küche und Wohnzimmer und ging hinaus in den Garten. Der Pool war voller Blätter. Ein Zeichen für einen frühen Herbst, dachte Inka. Dabei war es erst Mitte September. Das Gehege von Madame la Sourie lag seit nunmehr fast zwölf Jahren verwaist im hinteren Teil des Gartens. Ein neues Äffchen hätte nach dem strengen Tierschutzgesetz in Deutschland

Auflagen ohne Ende bedeutet. Deshalb hatte sich Inka für die Bartagamen entschieden. Die schliefen bereits friedlich in ihrem Terrarium im Wohnzimmer. Sie rief noch den Gärtner an, um ihm zu sagen, er solle die Bartagamen morgen mit den frischen Totenkopfschaben aus Mexiko füttern. Dann ging sie nach oben ins Bad, putzte sich die Zähne und fiel, nachdem sie das Fenster in ihrem Schlafzimmer geöffnet hatte, ins Bett. Ihren Koffer ließ sie unausgepackt im Flur stehen.

In der Dunkelheit postete sie auf Facebook: *Morgen werde ich glückliche Pärchen im Park mit Steinen bewerfen!* Dann schlief sie ein.

Gegen Morgen hatte sie einen schrecklichen Traum, aus dem sie nur schwer erwachte. Jedes Mal, wenn sie sich sagte, dass dies nur ein Traum sei, war sie bereits wieder in ihm gefangen. Ein Terrorist zündete eine Bombe. Dann fiel jemand, den sie nicht kannte, aus einem brennenden Hochhaus und schlug vor ihren Augen auf den Asphalt auf. Beim Geräusch des Aufpralls schreckte sie hoch. Ein Vogel hatte sich durch das geöffnete Fenster ins Schlafzimmer verirrt. Bei dem Versuch, sich zu befreien, war er gegen mehrere Gegenstände geflattert und hatte den mexikanischen Totenkopf, der als Buchstütze diente, aus dem Regal zu Boden befördert.

Inka brauchte einen Moment, um zu erkennen, dass es eine Meise war, die da verschreckt auf der äußersten Kante des Bücherregals hockte und mit weit aufgerissenem Schnabel nach Luft hechelte. *Ich habe eine Meise*, dachte Inka, und musste unwillkürlich lachen bei diesem Wortspiel. Irgendwo hatte sie gelesen, dass Virginia Woolf die Vögel immer auf Griechisch singen hörte. Für einen Moment blieb sie reglos im Raum stehen und lauschte angestrengt. Doch von der Meise war nichts zu hören außer einem aufgeregten Tschilpen.

Inka ging langsam auf das Fenster zu und öffnete beide Flügel weit. Dann setzte sie sich vorsichtig aufs Bett und wartete. Es vergingen ein paar Sekunden, in denen die Meise abwechselnd zum geöffneten Fenster und in Inkas Richtung schaute. So als wollte sie fragen, ob das jetzt auch wirklich funktioniere. Dann startete sie durch, und war im nächsten Moment durch das geöffnete Fenster verschwunden.

Im Zimmer lagen überall kleine Federn herum. Als Inka sich bückte, um sie aufzusammeln, kam ihr der Ausdruck „eine Meise haben" wieder in den Sinn. Er passte zu der Haltung, mit der sie jetzt durch das Zimmer schlich. Durch den Luftzug ihrer Fußtritte flogen die winzigen, gelben Flaumfedern immer wieder auf, so dass sie sich regelrecht anschleichen musste, um eine von ihnen zu erwischen. Von außen betrachtet musste das geradezu lächerlich aussehen.

Auf dem Schreibtisch lag ein Memoblock mit gelben Zetteln. Inka zog einen von ihnen ab, schrieb darauf *Was es bedeutet, eine Meise zu haben* und klebte ihn auf den unteren Rand des Bildes von Maman, auf dem sie mit einem Komodowaran kämpfte. Nun, sie würde bald mit vielen gelben Zetteln kämpfen. Das hier war erst der Anfang.

Da es ein schöner Frühherbsttag war, frühstückte Inka auf der Terrasse. Der kleine Abszess an ihrem Hintern schmerzte noch immer, und Inka versuchte so zu sitzen, dass ihr Gewicht auf der gesunden Pobacke ruhte. Als sie endlich eine bequeme Position gefunden hatte, klingelte es. Es war Herr Friedrich, der Gärtner.

„Guten Morgen Frau Inka" grüßte er, als sie im Türrahmen erschien. „Ich soll die Bartagamen füttern?" Sie bat ihn herein, und er ging direkt in den Keller, um die Eierkartons zu holen, in denen sich die Schabenzucht befand.

Inka fütterte ihre Bartagamen normalerweise selbst. Nur die Sache mit den Schaben war etwas, das sie nicht hinbekam. Als sie die Tiere frisch erstanden hatte, hatte sie dem Züchter ein einziges Mal bei der Schabenfütterung zugesehen. Das hatte gereicht. Seit dem war Herr Friedrich für die Sache zuständig. Glücklicherweise brauchten Nero und Tiberius, so hießen ihre Bartagamen, diesen Protein-Booster nur alle zwei bis drei Wochen. Dazwischen bekamen sie frischen Salat und Obst. Manchmal auch Heuschrecken.

Herr Friedrich war jetzt mit den Schaben im Wohnzimmer und Inka, die mit dem Rücken zum Terrarium saß, wusste, dass er jede Schabe einzeln mit einer Pinzette herausholte und sie an Tiberius und Nero verfütterte, die blitzschnell danach schnappten und sie herunterwürgten. Sie hörte, wie Herr Friedrich das Terrarium wieder schloss. Das wäre also erledigt. Erleichtert sagte Inka:

„Wenn Sie wollen, können Sie auch noch die Rosen zurechtschneiden." „Mach ich gleich, wenn die Schaben wieder im Keller sind" brummte Herr Friedrich. Inka mochte ihn.

Sie holte die große Terrakotta-Schale, stellte sie auf die Terrasse und füllte mit dem Gartenschlauch Wasser ein. Dann öffnete sie die Tür des Terrariums. Tiberius und Nero kletterten über einen kleinen Laufsteg, der direkt auf den Wohnzimmerboden ging, nach draußen. Neugierig reckten sie die Köpfe und folgten dann der Sonne hinaus auf die Terrasse. Tiberius tapste sofort zu seiner Badewanne und ließ sich ins Wasser gleiten. Kurz darauf war auch Nero drin. Inka widmete sich wieder ihrem Frühstück. Der Tee war mittlerweile kalt geworden, und sie ging in die Küche, um sich neuen aufzusetzen. Als sie wieder auf die Terrasse kam, glaubte sie ihren Augen nicht trauen zu dürfen. Nero saß auf Tiberius und umklammerte in einer eindeutigen Pose dessen Rücken. Beide schaukelten sie auf und ab, während Nero Tiberius ganz offensichtlich begattete. *What the fuck*, entfuhr es Inka. Sie hatte doch ganz eindeutig zwei männliche Exemplare verlangt, als sie die Tiere gekauft hatte. Konnte sich der Züchter denn so getäuscht haben? Oder war es möglich, dass Bartagamen homosexuell wurden? Wie auch immer, das hier war eine echte Überraschung.

Inka zückte ihr Handy, machte ein Foto von den beiden und postete es auf Facebook. Dazu schrieb sie eine kleine Geschichte. Innerhalb weniger Minuten hatte der Beitrag mehr als hundert „Gefällt mir" erreicht. Vielleicht sollte ich keinen Roman schreiben, dachte Inka. Vielleicht sollte ich jeden Tag eine Statusmeldung schreiben und nach einem Jahr alle veröffentlichen. Die Veröffentlichung des Öffentlichen. Ob ein Verlag so etwas akzeptieren würde? Dann fiel ihr ein, dass es so etwas ja bereits gab. In Österreich hatte eine Autorin ihre gesammelten Statusmeldungen in einem Buch herausgegeben. Dieses Konzept gab es also bereits. Außerdem wollte sie, Inka Ziemer, einen richtigen Roman schreiben. Sie musste nur endlich ihre Schreibblockade überwinden. In zwei Tagen stand der Termin für ihre Reinkarnationstherapie an. Bis dahin würde sie ihre Gedanken einfach weiter auf gelben Memozetteln notieren. Die Zettel hatten den Vorteil, dass sie kein weißes Blatt waren. Keine *tabula rasa*, vor deren Leere man sich fürchten musste.

Inka nahm einen Schluck Tee aus der Tasse und blinzelte zufrieden in die Sonne. Hinten im Garten hörte sie das *Klack Klack* der Heckenschere, mit der Herr Friedrich die Rosen schnitt.

13 VIRGINIA UND DER WOLF

Inka schaute sich im Raum um. Ein großer Corbusier-Sessel, der vermutlich dem Therapeuten vorbehalten war, ein etwas kleinerer, aber ebenso bequemer Sessel gegenüber. Dazwischen ein kleiner Messingtisch mit einer Glasplatte. An der einen Wand ein Original *Rothko* und an der gegenüberliegenden ein echter *Yves Klein*.

Im hinteren Teil des Raumes stand eine ausladende, schwarze Couch, an deren Kopfende ein gewöhnlicher Stuhl stand, der auffallend unbequem wirkte. Wahrscheinlich, damit der Therapeut nicht einschlief, dachte Inka. Jedenfalls hatte er einen guten Geschmack, was die Einrichtung betraf. Eine Stunde hier kostete zweihundert Euro. Bei diesem Preis musste sie in den besten Händen sein.

Julian Meister betrat den Raum. Inka schätzte ihn auf Mitte dreißig. Er war auffallend gut gebaut und hatte blondes Haar, das etwas länger war. Er trug leicht verwaschene Jeans, dazu ein elegantes Jackett. In der Hand balancierte er eine Tasse.

„Der ist für Sie!"

Er stellte die Tasse auf den Tisch und bat Inka, ihm gegenüber Platz zu nehmen. Sie ließ sich in das weiche Leder fallen, nahm ihre Tasse und schnupperte. Ingwer-Zitronen-Tee. Genau ihr Geschmack. Sie lehnte sich zurück und schaute ihn herausfordernd an.

„Sie haben schon bezahlt?"

„Ja, Sie sind nicht gerade günstig."

„Wir helfen jedem, und gute Hilfe hat ihren Preis."

„Ich weiß gar nicht, ob ich Hilfe brauche."

„Nun, das werden wir sicher herausfinden. Was führt Sie zu uns?"

Inka schaute schweigend in ihre Tasse.

„Lassen Sie sich ruhig Zeit."

Er beugte sich vor und lächelte. Dann schlug er die Beine übereinander und verharrte in einer wolfsartigen Position. Einerseits auf Angriff, aber dann doch auf Rückzug bedacht, dachte Inka. Sie überlegte, was er von ihr hielt. Normalerweise kamen Menschen mit Geld hierher, und sie sah nicht gerade danach aus. Sie trug Leggins, ein Cargojacket von Zara und eine Armbanduhr aus Plastik. Nur das seidene Tuch um ihren Hals mit dem Leoprintdesign war von Versace.

„Was machen Sie denn beruflich? Sind Sie Künstlerin?"

Herr Meister versuchte, das Gespräch in Gang zu bringen.

„Ja, so etwas ähnliches."

„Schriftstellerin?"

Inkas Augen leuchteten. Volltreffer.

„Schweigen kostet genauso viel wie Reden. Also, was möchten Sie?"

„Schreiben."

Inkas Stimme klang trocken, aber bestimmt.

„Deshalb sind Sie hier? Ich bin kein Germanist."

„Ich habe eine Schreibblockade."

„Aber Sie haben schon einmal etwas geschrieben?"

„Nur in meinem Kopf."

Inka richtete sich in ihrem Sessel auf und schlug ein Bein über das andere.

„Sobald ich mein Notizbuch aufschlage, um die Sätze aufzuschreiben, passiert irgendetwas. Es fällt mir nichts mehr ein. Gar nichts, verstehen Sie? Da ist … eine Blockade."

„Sie haben also noch nichts geschrieben, weil Sie eine Schreibblockade haben. Aber Sie glauben, dass Sie ohne Blockade schreiben könnten. Was macht Sie da so sicher?"

Inka nippte an ihrem Tee und stellte die Tasse mit einer langsamen Bewegung zurück auf den Tisch.

„Ich denke, ich bin eine Reinkarnation von Virginia Woolf."

Jetzt hatte sie es ausgesprochen.

Herr Meister löste seine Beinblockade und lehnte sich nach vorn. An seinem Gesicht war nicht abzulesen, was er dachte.

„Gut. Und weiter?"

Seine hellblauen Augen blickten sie forschend an.

„Nun, es hat damit angefangen, dass ich alles von ihr gelesen habe. Dann habe ich bemerkt, dass die Sätze, die mir einfallen, genauso genial sind wie die von Virginia. Außerdem gibt es biographsche Übereinstimmungen zwischen uns, die kein Zufall sein können."

„Welche Bücher haben Sie denn von ihr gelesen?"

„Ach. Sie kennen sie? Die meisten kennen nur *Wer hat Angst vor Virginia Woolf.* Ich habe alles von ihr gelesen. Wirklich alles. Am meisten begeistert mich *Orlando.*"

„Hören Sie manchmal auch ihre Stimme?"

„Nein, aber ich verschmelze manchmal mit ihr. Also mit ihrem Schreibkörper. Dann kann ich ihr Genie fühlen. Besser gesagt, mein eigenes Genie. Ich weiß, ich sollte selbst schreiben. Aber es kommt nichts heraus."

Herr Meister notierte, während Inka sprach, etwas auf dem Block, den er in eine schwarze Mappe geklemmt hatte, die während der ganzen Zeit auf seinen Oberschenkeln ruhte. Inka konnte noch immer nicht erkennen, was er über die Sache dachte.

Nachdem er ihr eine Reihe weiterer Fragen gestellt und eine psychische Erkrankung ausgeschlossen hatte, erklärte er Inka, wie eine Reinkarnationstherapie verläuft. Er würde sie in eine Tiefenentspannung versetzen, während sie

Zugang zu ihrem Unbewussten bekäme. Alles, was sie sehen, hören, riechen und schmecken konnte, würde sie ihm erzählen, anschließend würden sie die Eindrücke gemeinsam interpretieren. Ihr Fall sei kein besonders schwieriger. Oftmals kämen sogar Leute, die Stimmen hörten, welche ihnen Befehle erteilten. Bei Inka handele es sich lediglich um eine vorübergehende Identitätskrise, deren Ursache man mit einer Reinkarnationstherapie sicher herausfinden könne. Sie blickte ihn herausfordernd an.

„Ich will schreiben!"

„Gut."

Er gab ihr ein Blatt, das er aus seinem Block herausriss, und einen Stift.

„Schreiben Sie etwas, das nicht von Bedeutung ist. Einen einfachen Satz."

Inka rückte mit dem Sessel an den Tisch heran. Es schrieb sich schlecht auf der Glasplatte. Inka bemühte sich trotzdem, leserlich zu schreiben.

„*Sie schaute sich im Raum um. Ein großer Corbusier-Sessel, der vermutlich dem Therapeuten vorbehalten war, ein etwas kleinerer, aber ebenso bequemer Sessel gegenüber.*"

Auf Herrn Meisters Gesicht spielte ein zufriedenes Lächeln. „Sehr gut. Würden Sie es mir zeigen?"

Sie gab ihm den Zettel.

„Großartig, der Grundstein ist gelegt. Jetzt wissen Sie, wie es geht. Wollen Sie noch zur Rückführung kommen? Die kostet allerdings dreitausend Euro. Haben Sie denn so viel Geld?"

„Keine Angst, ich werde das Geld auftreiben. Ich möchte unbedingt wissen, wer ich in meinem früheren Leben war."

Inka wunderte sich, dass sie diesen Satz sagte. Tatsächlich war es so, dass sie an nichts richtig glaubte. Sie war ohne Erziehung in eine bestimme Richtung aufgewachsen, infolge dessen konnte sie sich alles vorstellen, was nicht vollkommen unvorstellbar war. Aber glaubte sie wirklich an Wiedergeburt? Julian Meisters Stimme klang jetzt warm und vertraulich.

„Gut, dann lassen Sie sich draußen einen Termin geben. Ich freue mich auf unsere gemeinsame Entdeckungsreise."

Er reichte ihr die Hand, und als sie sich umdrehte, fühlte sie für den Bruchteil einer Sekunde seine Hand auf ihrem Rücken, so als wolle er sie sanft hinausbegleiten. Oder hatte er sie etwa gestreichelt? Inka hielt den Atem an. Sie spürte ein Kribbeln durch ihren Körper fließen und beeilte sich, nach draußen zu kommen.

Kurz bevor sie in ihren verbeulten Mini stieg, schaute sie noch einmal nach oben. Herr Meister stand am Fenster des Besprechungsraumes und schaute ihr offenbar nach.

Inka tat, als ob sie ihn nicht bemerkt hätte und stieg ins Auto. Während sie den Zündschlüssel drehte, überlegte sie, woher sie die dreitausend Euro nehmen sollte. Obwohl sie von Rolande jeden Monat dreitausend Euro ausbezahlt bekam, hatte sie nie etwas gespart. Rolande! Er musste ihr das Geld leihen.

Hektisch legte sie den Gang ein, gab etwas zu viel Gas und fuhr mit quietschenden Reifen davon.

14 WALK!

Inka hatte mit Rolande vereinbart, dass sie sich in der Firma treffen würden, obwohl sie nicht gerade begeistert davon war. Sie fühlte sich jedes Mal unwohl, wenn sie hierher kam. Im Altbau, dessen Mauern noch aus Backstein waren, befand sich das Herz des Unternehmens: das Recycling. Wie immer roch es nach vergammeltem Fleisch. Inka wurde schon übel, wenn in ihrem Kühlschrank eine Wurst nicht mehr ganz frisch war. Der Geruch hier war um einiges schlimmer, weshalb sie instinktiv den Atem anhielt, als sie das Gebäude betrat.

Die Firma exportierte tierische Abfälle nach China. Dort waren Schweinsohren und andere Teile, die hierzulande als Abfälle gehandelt wurden, eine Delikatesse. Inka eilte mit vor der Nase gehaltener Hand durch die Gänge, bis sie den Neubau erreichte. Hier lag der neue Verwaltungstrakt. Sie betrat die riesige Halle und stieg auf ein Förderband, das den Besucher einen langen Gang entlang bis zu den Geschäftsräumen brachte. In den durchsichtigen Röhren, die neben dem Förderband am Boden entlangliefen, blinkten kleine Neonlämpchen, und alle dreißig Sekunden sagte eine Stimme, die wie aus dem Nichts kam: „Walk, walk, walk." Das Ganze hatte etwas Gespenstisches.

Während der Fahrt besah sich Inka die Bilder an der Wand, die eindrucksvoll vor Augen führten, wie sich das Unternehmen in den vergangenen Jahren entwickelt hatte. Die Darstellungen verrieten allerdings nichts vom Export tierischer Abfälle nach China. Stattdessen wurde die Geschäftsidee des Recycling von Metall und Pappe gezeigt. Dann Bilder von ihrem Bruder, der im weißen Hemd und mit roter Krawatte in seinem Chefsessel posierte und wie Big Brother von den Fotos auf sie herabschaute.

In dem langen Gang konnte sich der Besucher einiges überlegen und ein Bild machen. Subtil roch es nach einem eigens für die Firma kreierten Parfüm, welches das Corporate Identity des Unternehmens auch olfaktorisch hervorheben sollte.

Endlich war Inka beim Vorzimmer angelangt. *Chefsekretariat Frau Blume* stand auf dem Schild neben der Tür. Inka klopfte und betrat, nachdem von drinnen ein „Ja bitte" kam, das Chefsekretariat. Beinahe hätte sie laut losgelacht. In ihrem schneeweißen Kostüm, die Haare zu einem Dutt aufgesteckt und einen Duft ausströmend, der dem Firmenparfüm ziemlich ähnlich war, machte Frau Blume ihrem Namen alle Ehre. Während sie weiter auf ihrer Tastatur tippte, schaute sie Inka aus großen, blauen Augen freundlich an. „Frau Ziemer? Die Schwester von Herrn Ziemer?" Dann machte sie mit ihrer perfekt manikürten Hand eine Geste, die Inka an eine Geisha erinnerte: „Nehmen Sie doch bitte schon einmal Platz in unserem Wellbeingbereich." Sogar ihre Stimme klang wie das Läuten einer Glockenblume.

Inka ging durch das Vorzimmer in die Lounge, die mit einem weißen Teppich ausgelegt war. Beinahe hätte sie ihre Schuhe ausgezogen, bevor sie den Raum betrat. An der Wand stand ein ausladend geschwungenes, ebenfalls weißes Ledersofa, daneben ein Chromtisch, auf dem ein exklusives Mineralwasser und mehrere Gläser standen, in denen sich das Licht des Kristallleuchters spiegelte, der tief über dem Tisch von der Decke hing. Inka suchte in der weißen Plüschlandschaft nach irgendeinem Fleck. Doch da war nichts. Kein Kaffeerand, keine Kekskrümel, keine Fußspuren. Nichts. Nicht einmal ein Staubkörnchen auf dem Glastisch. In dieser perfekten Umgebung muss sich ein normaler Mensch zwangsläufig fehlerhaft vorkommen, dachte Inka. Vielleicht war das sogar die Absicht dahinter? Wer auch immer nach einem Aufenthalt hier in eine Verhandlung mit ihrem Bruder trat, stellte sich unsicher an.

Zehn Minuten später öffnete sich die Tür zum Chefzimmer. Rolande erschien im dunkelblauen Anzug mit weißem Hemd und roter Krawatte im Türrahmen. Er verzog keine Miene, als er zu Inka sagte, sie solle hereinkommen. Inka war verblüfft, als sie das riesige Büro betrat. Eine mächtige, gewölbte Glasfront, die von der Decke bis zum Boden reichte, eröffnete dem Besucher einen Blick über ganz Stuttgart. Eine futuristische Sessellandschaft bot Platz für mehr als zehn Gäste. An der Längsseite des Büros stand Rolandes unglaublich mondäner Schreibtisch, der bis auf einen Macintosh-Computer völlig leer war. An der Wand dahinter hing das Portrait von Großvater. Er war der einzige in der Familie Ziemer, mit dem Rolande sich jemals hatte identifizieren können.

„Du bist noch nicht hier gewesen seit ich umgezogen bin, stimmt's? Nicht einmal zum Richtfest bist du erschienen." Das klang weniger nach einem Vorwurf als nach einer nüchternen Feststellung. Rolande setzte sich hinter den Schreibtisch und bot Inka den Sessel davor an.

„Ich wohne direkt darüber, auf dem Dach. Ein Penthouse mit Pool."

„Aha", sagte Inka gedehnt.

„Ich komme eben erst von einer Geschäftsreise aus China zurück. Die Chinesen essen wirklich fast alles. Diesmal habe ich Stierhoden getestet. Die halten jung und verhindern Krebs."

Inka verzog angewidert das Gesicht. Sie hasste die Firma, in der es, seit sie denken konnte, immer um vergammeltes Fleisch oder eklige Organe von Tieren ging. Sie bekam die Bilder nicht aus dem Kopf, die sie zusammen mit dem süßlichen Geruch seit ihrer Kindheit verfolgten. Bilder von Tierköpfen mit offenen Augen, aus denen noch die Todesqual blickte. Wenigstens war hier nichts von diesem Tod zu riechen. Auch ihr Bruder hatte sich mit einem Duft parfümiert, den sie bereits auf dem Förderband und bei der Chefsekretärin gerochen hatte.

„Was führt dich hierher, Inka?" Während Rolande sprach, sah er zum Fernsehturm hin.

„Ich will es kurz machen. Ich brauche dreitausend Euro."

Rolande zog die Augenbrauen hoch. „Aber du bekommst doch monatlich dreitausend Euro aus der Firma."

„Das ist richtig, aber die brauche ich zum Leben. Und um die Villa in Schuss zu halten. Jeden Monat muss etwas anderes repariert werden. Im Flur fällt schon der Putz von der Decke."

„Die Villa gehört längst abgerissen. Wozu brauchst du so viel Geld?"

„Ich möchte eine Therapie machen." Inka sah ihrem Bruder fest in die Augen. „Eine Reinkarnationstherapie. So etwas ist teuer."

„Du willst was? Bist du bescheuert?" Rolande verlor jetzt seinen beherrschten Tonfall. „Das ist doch esoterischer Humbug!"

„Ist es nicht. Es wird mir helfen. Und ich werde einen Erfolgsroman schreiben, der mehr einbringen wird, als deine Firma in einem ganzen Jahr. Hast du eigentlich jemals wieder Klavier gespielt?" Inka genoss jedes Wort, als sie nachsetzte: „Die einzige kulturelle Anwandlung, die du jemals hattest."

„Ich brauche kein Klavierspiel, um eine Firma zu leiten, die dich ernährt. Du sägst an dem Ast, auf dem du sitzt, falls du es noch nicht bemerkt haben solltest. Was treibst du eigentlich den ganzen Tag, außer faulenzen?" Während er sprach, bemühte sich Rolande um einen beiläufigen Tonfall. Inka konnte jedoch an seiner Stimme erkennen, dass ihn ihre Worte getroffen hatten.

„Dein Studium hast du meines Wissens nach abgebrochen. Und jetzt willst du plötzlich Schriftstellerin sein? In meiner Welt nennt man das Schmarotzer."

Jetzt war es Inka, die die Beherrschung verlor. „Schmarotzerin, wenn ich bitten darf! Und wie nennst du jemanden, der den gesamten Gewinn einsteckt, obwohl mir fünfzig Prozent der Firma gehören? Mit den dreitausend Euro halte ich das Haus instand, in dem wir aufgewachsen sind, während du dir einen Glaspalast hingestellt hast, der ein Vermögen gekostet haben muss."

„Ich habe dafür Schulden gemacht."

Inka lachte auf. „Nein, Rolande. Das glaube ich dir nicht. Du warst und bist nicht der Typ, der Schulden macht."

„Du kannst gerne das nächste Mal zur Aufsichtsratssitzung kommen."

„Diese Sitzungen interessieren mich nicht. Und du weißt genau, dass mir Zahlen nichts sagen. Nur deshalb schlägst du das vor."

„Vielleicht solltest du wirklich eine Therapie machen." Rolandes Stimme klang jetzt ernst, fast ein wenig traurig. „Ich glaube, du bist genauso verrückt wie Maman es war."

Inka kam es plötzlich vor, als würde Rolande aus der Ferne zu ihr sprechen. Auch der Tisch, vor dem sie saß, schien immer weiter weg zu rücken. Sie ballte die Fäuste in den Taschen ihrer Glitzerjacke und holte tief Luft. „Also, gibst du mir nun das Geld oder nicht?"

Rolande drehte sich in seinem Sessel weg von Inka, sodass sie ihn nur noch im Profil sehen konnte. „So einen Schwachsinn unterstütze ich nicht."

Ohne ein weiteres Wort stand Inka auf und ging zur Tür. Bevor sie das Büro verließ, drehte sie sich noch einmal um. Rolande stand vor der riesigen Glasfront und schaute hinunter auf die Stadt, als wäre er bereits allein im Zimmer. Was auch immer früher zwischen ihnen vorgefallen war, dachte Inka, so fremd wie in diesem Augenblick hatte sie sich ihrem Bruder noch nie gefühlt. Das hier war definitiv ein Bruch.

Als sie am nächsten Morgen ihr Schlafzimmerfenster mit Blick in den Garten öffnete, sah Inka hinten bei den Eichen einen schwarzen Schäferhund liegen. Sein Kopf lag entspannt auf den ausgestreckten Vorderläufen, die Ohren hatte er wachsam aufgestellt. Seltsamerweise bewegte sich der Hund überhaupt nicht.

Noch im Nachthemd, ging Inka hinaus in den Garten. Je näher sie dem Hund kam, desto klarer wurde ihr, dass sie einer Sinnestäuschung erlegen war. Als sie nur noch ein paar Schritte entfernt war, sah sie, dass der vermeintliche Schäferhund aus schwarzen Müllsäcken bestand. Offenbar hatte jemand seinen Müll in ihrem Garten entsorgt. Nur, wie war derjenige hereingekommen? Und was, wenn das gar kein Müll war in den Säcken? Kurz kam ihr der Gedanke, dass jemand eine Leiche darin versteckt haben könnte. Oder eine Bombe! Wäre es nicht besser, bei diesem Fund die Polizei zu rufen? Zurück im Haus, holte sie ihr Handy, verwarf dann aber den Gedanken. Wie peinlich, dachte sie, wenn sich der Inhalt als harmloser Müll herausstellen würde. Inka konnte sich die Gesichter der Polizisten lebhaft vorstellen. Nein, sie musste sich einfach von ihren lächerlichen Ängsten befreien. Morgen würde sie Herrn Friedrich bitten, die Säcke zu entsorgen.

15 ONKEL THEO

Onkel Theo, der Bruder von Maman, hatte sie immer wie seine Tochter behandelt, da er keine eigenen Kinder hatte. Vielleicht könnte sie ihn bitten, ihr das Geld zu leihen? Inka griff zum Telefon und wählte Onkel Theos Nummer. Tante Alma war am Apparat. Sie dachte jedoch gar nicht daran, Onkel Theo gleich ans Telefon zu holen, sondern nutzte stattdessen die Gelegenheit, sich erst einmal bei Inka über Onkel Theos neueste Gewohnheiten zu beklagen.

„Woisch Inka, seid der Theo in Rende isch, liest er morgäns im Bed scho Schpiegl-Online uff soim Handy. Boim Frühschdügg gohds weidr und er guagt NTV. Den Reschd vom Morga

liast er die FAZ, ols obs an Krimi soi. Der isch nachrichda-
süachdig."

*Wenn ich mit dir zusammenleben müsste, würde ich auch
lieber die Katastrophennachrichten aus aller Welt lesen*, dachte
Inka. Sie ärgerte sich, dass Tanta Alma in dieser Weise über
Onkel Theo sprach, während dieser offenbar direkt neben ihr
stand und alles hören konnte. Außerdem hatte sie Mühe, sich
auf das breite Schwäbisch ihrer Tante einzustellen. Sie unterbrach das Lamento, indem sie noch einmal, diesmal etwas
bestimmter, nach Onkel Theo verlangte.

Endlich hatte sie ihn am Telefon.

Sie verabredeten sich zum Mittagessen in Onkel Theos
Stammlokal „Christophorus" im Porsche Museum. Bevor er in
den Ruhestand ging, war Onkel Theo Vorstandsvorsitzender bei
Porsche gewesen. Die Gewohnheit, sich in den Cafés und Re-
staurants aufzuhalten, in denen er früher wichtige Geschäfts-
partner traf, hatte er beibehalten, woran auch Tante Almas
Versuche, ihn zu Hause zu bekochen, nichts ändern konnten.

Als Inka das Restaurant betrat, erkannte sie Onkel Theo
schon von weitem. Er trug ein gelbes Jackett und eine rote
Fliege. Seit er nicht mehr berufstätig war, musste er zu seiner
Erleichterung auch keine dunklen Anzüge mehr tragen. Die
Freiheit, sich kleiden zu können wie er wollte, genoss Onkel
Theo sichtlich. Obwohl er aufgrund seiner kleinen Statur
ziemlich tief in dem ausladenden, roten Ledersessel versank,
hob ihn das leuchtende Gelb deutlich aus seiner Umgebung
hervor. Sie winkte ihm, und er winkte freudig zurück.

Was das Essen betraf, war Onkel Theo ziemlich wählerisch,
und es dauerte eine Weile, bis er sich nach dem Frischegrad
aller Gerichte erkundigt hatte und sich für ein T-Bone-Steak
entschied. Inka nahm das „Ladies Cut".

Im Gegensatz zu den meisten seiner Altersgenossen war
Onkel Theo auf dem neuesten Stand, was mobile Technologien
anging. Ein Pling von seiner Nachrichtenapp veranlasste ihn
nachzusehen, was es Neues in der Welt gab.

„Schon wieder ein Anschlag, diesmal in New York. Das wird
nicht leicht für die USA, mit diesem Trampel Trump an der

Spitze. Er wird niemanden mehr hereinlassen, du wirst sehen."
Er klappte das Handy zu und trank einen Schluck Weißwein.

„Und ich dachte heute Morgen, ich hätte eine Bombe im Garten. Diese Berichte können einen ganz schön verunsichern."

„Ach Inka, in unserem gemütlichen Stuaggart wird schon nichts passieren. Der IS weiß wahrscheinlich nicht einmal, dass diese Stadt existiert."

Dabei lachte er, und sein Gesicht war voller fröhlicher Falten, während sein voluminöser Bauch auf und ab hüpfte. Dann wechselte er plötzlich das Thema und erzählte Inka von einem neuen Oldtimer, den er für seine Sammlung erstanden hatte.

„Einen Jaguar E, Typ Cabrio, aus dem Jahr 1958. British-Racing-Green metallic!" Dabei dehnte er das „British-Racing-Green" als wäre es etwas Einmaliges.

„Ist er denn schon hergerichtet?"

„Natürlich. Sieht aus wie eine Eins, und war nicht gerade billig, wie du dir denken kannst. Zum Glück hat er fast nur in der Garage gestanden."

Inka musste an ihr eigenes Auto denken, das für sie nichts weiter als ein Gebrauchsgegenstand war. Dass man ein Auto hatte, um es hauptsächlich in der Garage stehen zu lassen, kam ihr irgendwie absurd vor. Plötzlich hatte sie eine Idee.
„Onkel Theo, kannst du mir den Wagen vielleicht mal für einen Tag leihen?" Sie stellte sich vor, wie sie mit dem Jaguar vor der Praxis des Therapeuten parken würde. Im selben Moment beschloss sie, noch einmal tausend Euro auf die Geldsumme draufzulegen, um die sie Onkel Theo bitten würde. Mit der passenden Kleidung zum Jaguar würde sie diesen Herrn Meister ganz sicher beeindrucken. Erst jetzt bemerkte sie, dass der arrogante Tonfall, in dem er gefragt hatte, ob sie sich die Therapie überhaupt leisten könne, sie geärgert hatte.

„Du weißt doch, Kindchen, dass ich dir nichts abschlagen kann!" sagte Onkel Theo, wobei er fast ein wenig verlegen auf die Serviette schaute, die er in der Hand faltete. Kurz legte er seine Hand auf die von Inka, um sie dann, in einem Anfall von

Schüchternheit gegenüber dieser in seinen Augen jungen Dame wieder zurückzuziehen.

„Da ist noch etwas, Onkel Theo." Inka beschloss, dass dies der geeignete Moment für ihren Vorstoß war. „Ich brauche Geld. Nur ein einziges Mal, für etwas Großartiges." Da Rolande ihr das Geld nicht hatte geben wollen, nachdem sie ihm den Grund genannt hatte, ging sie diesmal taktisch vor und verschwieg, wofür sie das Geld brauchte. Doch Onkel fragte gar nicht erst danach.

„Wieviel brauchst du denn, Kindchen?"

„Viertausend Euro."

„Abgemacht, du bekommst das Geld. Aber sag bitte Tante Alma nichts davon. Du weißt, sie hockt auf dem Geld wie eine Glucke, obwohl du am Ende doch einmal alles erben wirst. Ich hingegen freue mich, wenn dir das Geld jetzt schon etwas nützt. Und nicht erst, wenn ich unter der Erde liege."

Inka konnte kaum glauben, wie einfach das gewesen war, und strahlte über das ganze Gesicht „Du bist großartig, Onkel Theo, ich danke dir." Kurz verspürte sie das Bedürfnis, ihm zu sagen, wofür sie das Geld brauchte. Zu gerne hätte sie ihm von Virginia erzählt, von ihrer Schreibblockade, und von Herrn Meister, zu dem sie morgen fahren würde, und für den sie das Geld brauchte. Dann aber verwarf sie den Gedanken wieder. Onkel Theo war noch immer ein pragmatischer Geschäftsmann, der trotz seiner Großzügigkeit auf sinnvolle Investitionen bedacht war. Vielleicht würde er seine Meinung ändern, wenn sie ihm von der Reinkarnationstherapie erzählte. Er könnte es als herausgeworfenes Geld betrachten, und Geldverschwendung passte so gar nicht zu seiner schwäbischen Mentalität. Also beschloss sie, ihm lieber nichts davon zu erzählen.

Sie plauderten weiter über den neuen Jaguar, und Inka freute sich darüber, wie Onkel Theo selbst über kleinste Details seines Oldtimers ins Schwärmen geraten konnte. Eigentlich war er ein Mensch, der sich als glücklich bezeichnen konnte, dachte Inka. Wenn da nicht Tante Alma wäre. Doch wie so oft, wenn man von außen betrachtet nicht nachvollziehen konnte, wie es zwei Menschen miteinander aushielten, gab es auch hier einen Grund dafür. In einer stillschweigenden Abmachung mit sich selbst hatte Onkel Theo eines Tages beschlossen, die Tiraden seiner Frau nicht zu seinem Unglück werden zu lassen.

Stattdessen betrachtete er sie als das, was sie nun einmal waren: eine unabänderliche Tatsache des Lebens, mit der er sich genauso abzufinden hatte wie mit seinen Prostatabeschwerden.

16 DIE RÜCKFÜHRUMG

Als Julian Meister das Geräusch eines parkenden Autos hörte, trat er ans Fenster und sah hinunter auf den Parkplatz. Er erwartete die schräge Nudel von letzter Woche, die sich einbildete, unbedingt einen Roman schreiben zu müssen. Sie hatte auf ihn nicht den Eindruck gemacht, als würde sie sich eine Rückführung leisten können. Doch sie war ihm hartnäckig genug erschienen, das Geld irgendwo aufzutreiben, und das hatte ihn beeindruckt. Nicht nur, weil er das Geld so dringend brauchte. Die meisten Leute waren heutzutage viel zu bequem, um ernsthaft etwas dafür zu tun, ihre Träume zu verwirklichen.

Diese Frau war anders, das hatte er gespürt. Sie hatte sich etwas in den Kopf gesetzt, und nun suchte sie nach einem Weg, es durchzuziehen. Dabei konnte er ihr helfen. Er würde sie in Hypnose versetzen und alles sehen lassen, was sie sehen wollte. Er wusste aus Erfahrung, dass Menschen immer nur nach Beweisen für etwas suchten, wovon sie tief im Innersten sowieso schon überzeugt waren. Die Wirklichkeit war eine andere Sache. Wenn diese Frau also glaubte, Nachfahrin einer berühmten Schriftstellerin zu sein, würde er ihr das sicher nicht ausreden. Wenn diese Überzeugung ihr dabei half, schreiben zu können, so würde er sie darin bestärken. Das war es schließlich, wofür er bezahlt wurde. So einfach war das.

Er beobachtete die elegant gekleidete Frau, die aus dem metallic-grünen Cabrio stieg und einen riesigen, weißen Hut mit einer Schleife trug und dachte kurz daran, sie darauf hinzuweisen, dass dies ein Privatparkplatz war, der ausschließlich für seine Kunden reserviert war. Doch dann nahm die Frau, die einen perfekt sitzenden Hosenanzug trug, der ihre schmale Taille betonte, ihre Sonnenbrille ab und sah zu ihm nach oben. Abrupt wich er vom Fenster zurück. Konnte das sein? Die Frau, die jetzt auf den Eingang seiner Praxis zusteuerte, wollte offenbar zu ihm. Als er die Tür öffnete, staunte er nicht schlecht. Vor ihm stand seine Klientin.

Inka nahm den Hut ab und warf sich das Haar zurück. Dann reichte sie ihm zur Begrüßung die Hand. In dem weißen Leinenanzug von Hérmes, ausgestattet mit einer Handtasche von Gucci, dazu die Sonnenbrille von Michael Kors, die sie sich jetzt ins Haar schob, fühlte sie sich wie eines dieser It-Girls, die auf ihren Blogs die neuesten Modetrends vorstellten. Im Sommerschlussverkauf hatte sie alle Stücke zum Sonderpreis erstanden, so dass noch etwas für Lippenstift und Nagellack übriggeblieben war. Sie hatte sich für den Farbton „Rouge Nr. 666" von Dior entschieden, der perfekt zu ihrem roten Haar passte. Inka fand, dass sie die tausend Euro von Onkel Theo gut investiert hatte.

Herr Meister, der sie für Sekunden angestarrt hatte, führte Inka jetzt ins Therapeutenzimmer und bat sie Platz zu nehmen, während er noch einmal hinausging um Tee zu holen. Inka machte es sich bequem, schlug die Beine übereinander und schaute auf den Rothko, der ihr gegenüber an der Wand hing. Drei Farbflächen verliefen quer über die Leinwand und gingen sanft ineinander über. Viel mehr war auf dem Bild nicht zu sehen, doch aus irgendeinem Grund beruhigte es sie.

Wie letztes Mal balancierte Herr Meister eine Tasse Ingwer-Zitronen-Tee in der Hand, die er vorsichtig auf dem Glastisch vor ihr abstellte. Irgendwie schien er heute von innen heraus zu leuchten.

Er setzte sich ihr gegenüber, schaute sie forschend an und sagte:

„Sie sehen anders aus als letztes Mal. Ist etwas passiert?"

„Gar nichts. Ich wechsle nur gerne meine Kleidung. Wie ein Chamäleon." Natürlich stimmte das nicht, aber sie konnte ihm unmöglich antworten, dass sie diese Shopping-Tour nur veranstaltet hatte, um ihm zu gefallen.

„Dann wird hier jedes Mal eine andere Frau sitzen? Auch nicht schlecht. So mancher Mann würde sich das wünschen." Er lachte, und dabei zeigte er seine weißen Zähne. Wahrscheinlich nahm er Zahnweißer, dachte Inka. In seinen Wangen zeigten sich zwei Grübchen.

„Haben Sie in der Zwischenzeit etwas geschrieben?"

„Ein Gedicht, ja. Sonst leider nichts."

„Das macht nichts, deswegen sind Sie ja hier. Ich werde Sie jetzt noch einmal kurz darüber aufklären, was in der Hypnose passiert. Sie können noch Fragen stellen, falls Sie welche haben."

Während er sprach, schaute Inka ihn mit immer größer werdender Faszination an. Heute hatte er das blonde Haar mit einem Gummi zusammengebunden. Dadurch traten die hellblauen Augen noch stärker aus seinem Gesicht hervor. Mein Gott, dachte sie. Dieser Mann war wirklich schön. Sie versuchte, ihn nicht anzustarren und richtete den Blick abwechselnd auf seine Lippen und seine Augen. Konzentrier dich!, ermahnte sie sich selbst. Du hast nicht dreitausend Euro bezahlt, um hier einen Typen anzuschmachten.

Doch das war leichter gesagt als getan. Inka hatte plötzlich das Gefühl, dass sie gar nicht mehr hypnotisiert werden musste. Sie war es bereits.

In diesem Moment machte er eine Handbewegung hinüber zur Couch. „Wenn Sie dann keine Fragen mehr haben, können wir gerne anfangen."

Inka stand mit weichen Knien auf und folgte ihm. Er nahm eine Wolldecke aus dem Regal und reichte sie ihr. „Falls Ihnen während der Trance kühl werden sollte."

„Danke." Sie lächelte verlegen. Hoffentlich würde sie schnell einschlafen. Das war ja kaum auszuhalten, ihm so nahe zu sein.

Umständlich platzierte sie sich auf der Liege und zog die Wolldecke über sich. Sie war froh, als sie endlich die Augen schließen konnte. Er holte den Stuhl, der am Kopfende der Liege stand. Mit etwas Abstand, aber doch so nah, dass er sie berühren konnte, setzte er sich neben sie.

Nachdem sie vereinbart hatten, während der Sitzung das „Du" als Ansprache zu verwenden, begann er mit sanfter, aber eindringlicher Stimme auf Inka einzureden. Gedanklich führte er sie weg aus dem Zimmer, hinaus auf eine Wiese, zu einem spiegelklaren See. Dort warf sie einen Stein ins Wasser und sah den kreisförmigen Wellen nach, die sich immer weiter ausbreiteten. Dann stellte sie sich vor, selbst ein Stein zu sein, der tiefer, immer tiefer im Wasser versank. Bis auf den Grund. Obwohl Julians Worte klar und deutlich an ihr Ohr drangen, hatte sie das Gefühl, im Raum zu schweben. Sie fühlte sich schwerelos, und obwohl Julian direkt neben ihr saß, konnte sie sich zum ersten Mal in ihrem Leben vollkommen entspannen. Julian, der ihre einsetzende Trance bemerkte, verstärkte den suggestiven Klang seiner Stimme noch ein wenig:

„Und wenn ich jetzt gleich deine Stirn berühre, dann sinkst du noch tiefer in diesen schönen Zustand. Du halbierst jetzt die Spannung in deinem Körper...... und noch einmal... und Du erlaubst dir, noch ein wenig tiefer zu sinken. Und noch tiefer... ja, so ist es gut."

Inka spürte plötzlich die sanfte Berührung seiner Hand auf ihrer Stirn, und obwohl sie vorhin noch gedacht hätte, dass sie es nicht aushalten würde, wenn er sie berührte, konnte sie sich tatsächlich noch tiefer entspannen.

Kurz bevor sie dabei war einzuschlafen, sprach er plötzlich wieder etwas lauter und stellte Inka die Frage, wo sie gerade sei, und was sie sähe.

Inka hatte das Gefühl, dass es völlig beliebig war, was ihr von nun an in den Sinn kam. Sie wusste nicht, ob die Bilder, die sie vor ihrem inneren Auge sah, als Folge der Sätze auftauchten, die sie sagte, oder ob sie die Sätze aussprach, weil sie die Bilder sah. Sie hatte das Gefühl, alles willkürlich in sich selbst zu erzeugen. Sie erzählte eine Geschichte, die völlig beliebig war, die einfach ihrer Phantasie entsprang. Genau dadurch war es paradoxerweise ihre eigene.

„Ich glaube ich bin zeitlich im Mittelalter. Ich befinde mich in einem Kerker. Es riecht ziemlich übel nach Verwesung hier unten. Wenn ich nach oben schaue, kann ich in einem blauen Viereck den Himmel sehen. Es ist ein Turm. Ich bin offenbar hier eingesperrt, aber ich weiß nicht warum."

„Na, das fängt ja super an. Ein größeres Klischee hast du wohl nicht finden können?" Plötzlich mischte sich Inkas kritische Stimme ein, die daraufhin sofort von einem anderen Teil ihres Selbst kommentiert wurde: *„Jetzt sei doch mal offen für etwas Neues. Immerhin hast du viel Geld dafür bezahlt. Und was heißt hier Klischee. Wenn es um Wiedergeburt geht, ist sowieso alles ein Klischee. Wenigstens bist du nicht die heilige Jungfrau Maria."* Es war, als befände sich ihr *Ich* in einem Panoptikum, in dem es immer noch eine weitere Instanz gab, die zu ihr sprach. Immer noch einen Spiegel, in dem sie sich reflektierte.

Julian musste ihr Zögern bemerkt haben, denn er fragte sie plötzlich, ob ihr zu dem Bild des Kerkers etwas einfallen würde.

„Ja, ich glaube, ich habe in einem kleinen Dorf gelebt. Ich war dort ziemlich glücklich mit meiner Familie, meinem Mann und den drei Kindern. Aber dann kam der König und hat alle Kinder aus dem Dorf mitgenommen, um sie als Mägde und Soldaten auszubilden. Vor lauter Schmerz konnte ich kein Kind mehr bekommen. Die anderen Frauen bekamen aber noch Kinder. Deshalb war ich wütend auf sie. Eines Nachts habe ich alle Frauen in dem Dorf umgebracht. Deshalb sitze ich hier. Sie haben mich in diesen Kerker eingesperrt."

„Siehst du noch mehr?"

„Ja, ich höre Schritte. Jemand kommt hinunter in den Kerker. Es ist mein Mann. Er ist gekommen, um mich zu befreien. Draußen baut er sich wie ein Schutzschild vor mir auf und erklärt den Menschen, die sich vor dem Gefängnis versammelt haben, warum ich die Frauen umgebracht habe. Eine der Frauen kommt auf uns zu und sagt, dass ich von jetzt an wieder im Dorf leben darf."

„Siehst du noch etwas?" Julian Meisters Stimme klang jetzt rau und ein wenig tiefer.

„Ja, aber ich bin auf einmal ganz woanders. Jemand hebt mich auf eine Anrichte. Ich bin noch ein Kind. Ich stehe vor einem Spiegel: Jetzt berührt mich ein junger Mann von hinten. Zuerst zwischen den Beinen, und dann an der Stelle, wo mir später einmal Brüste wachsen werden. Es fühlt sich sehr unangenehm an, und ich bekomme Angst."

Zeit, das Ganze abzubrechen. dachte sich Julian Meister jetzt und legte zwei Finger auf Inkas Stirn. „Ich hole dich nun aus dieser tiefen und angenehmen Entspannung langsam wieder heraus, indem ich bis drei zähle. Bei drei schnippe ich mit meinen Fingern ganz nah an deinem Ohr. Danach bist du wieder hellwach und kannst die Augen öffnen."

Er zählte langsam bis drei und schnippte dann einmal mit den Fingern. „Deine Durchblutung ist optimal und du fühlst dich wohl. Alle Suggestionen sind von dir genommen, du kannst dich wieder bewegen. Ich habe keinen Einfluss mehr auf dich. Du spürst frische Lebensenergie, die deinen ganzen Körper durchströmt. Dein Kopf ist frei, deine Gedanken sind klar. Atme nun einmal tiiieeef ein und wieder aus. Öffne dann deine Augen."

Inka öffnete die Augen. Ein wohliges Kribbeln durchströmte ihren ganzen Körper. Sie streckte sich noch einmal aus und richtete sich dann auf. „Langsam aufstehen, bitte." Seine Stimme klang fast ein wenig fürsorglich.

Als sie sich wieder gegenüber saßen, schaute Julian Inka noch aufmerksamer an als zuvor. Völlig unvermittelt ging er nun wieder zum „Sie" über, was Inka ein wenig verwirrte. Zu gut hatte sich das vertraute „Du" angefühlt.

„Erinnern Sie sich an alles, was Sie gesehen und gesagt haben?"

„Ja, ich glaube schon. Und was hat das zu bedeuten?"

Julian Meister nahm einen Schluck von dem Tee, den die Sprechstundenhilfe soeben für beide hereingebracht hatte.

„Nun, erinnern Sie sich noch an das Quadrat, von dem Sie zu Anfang gesprochen haben? Der blaue Himmel? Das ist ein Symbol für Weiblichkeit. Ihre Geschichte ließe sich dahingehend interpretieren, dass Ihre weibliche Seite zu kurz gekommen ist. Also bildlich gesprochen ist sie vermodert. Auch, dass sie all die Frauen umgebracht haben, spricht dafür."

„Und die zweite Geschichte?"

„Hm…" Julian Meister presste die Lippen aufeinander und schien nachzudenken. „Die ist schwerer zu interpretieren. Fällt Ihnen vielleicht selbst etwas dazu ein? Es wäre interessant, wie all diese Bilder mit dem Leben von Virginia Wolf zusammenhängen."

„Und jetzt?"

„Nun, wenn Sie sich diese Geschehnisse immer wieder zu Bewusstsein bringen, dann kann Ihre Seele heilen und Sie werden sozusagen ein neues Leben bekommen. Also, symbolisch gesprochen. Wir werden das aber in der nächsten Sitzung besprechen. Für heute ist es genug."

Als er sie verabschiedete, strich er ihr wieder über den Rücken.

Zuhause angekommen, rumorten in Inka die Bilder, die sie gesehen hatte. Sie war sich ziemlich sicher, in ihrem Leben keine Missbrauchserfahrung gemacht zu haben. Doch woher kamen dann die Bilder, wenn nicht aus ihrer eigenen Vergangenheit? Plötzlich hatte sie eine Idee, womit das Ganze zu tun haben könnte. In ihrem Regal ging sie der Reihe nach alle Bücher von Virginia durch. Endlich fand sie, wonach sie suchte: *Die Feder wittert die Fährte* war ein autobiographscher Text, den Virginia in den Jahren 1939–1940 verfasst hatte. Er trug den Untertitel *Porträt einer Künstlerin als junges Mädchen.* Inka öffnete eine Flasche Wein und setzte sich mit dem Buch auf den Boden. Als sie endlich die Stelle fand, nach der sie gesucht hatte, war die Flasche bereits halb leer, und ihr war ganz schwindelig von all den Sätzen, durch die sie sich geblättert hatte.

„Außen an der Speisezimmertür war eine Abstellplatte für Geschirr. Einmal, als ich noch sehr klein war, hob Gerald Duckworth mich hinauf, und als ich dort saß, begann er, meinen Körper abzutasten. Ich kann mich noch an das Gefühl erinnern, als seine Hand sich unter meine Kleider schob und sich energisch und ständig immer tiefer vorschob. Ich erinnere mich, wie sehr

ich hoffte, daß er aufhören würde, wie ich mich steif machte und wand, als seine Hand näher an meine Geschlechtsteile kam. Aber sie hielt nicht inne."

Ja, dachte Inka, das war es. Diese Stelle beschrieb genau die Szene, die sie in der Rückführung erlebt hatte. In ihr stieg jetzt jene Euphorie auf, die sie bereits kannte, und die ihr so unmissverständlich das Gefühl gab, völlig eins mit Virginia zu sein. Das hier war zweifelsohne ein weiterer Beweis: Sie *war* einfach Virginia Woolf. Diesen Textabschnitt musste sie unbedingt in die nächste Sitzung mitnehmen.

17 BLUTSONNE

Inka konnte es kaum erwarten, zur nächsten Sitzung zu gehen, denn Julian Meister hatte sich in ihre Gedankenwelt hineinkatapultiert und es kam fast einem Schmerz in ihrer Herzgegend gleich, sodass sie nicht umhin konnte, sich Situationen auszumalen, in denen sie sich mit ihm außerhalb des Therapieraums traf. Sie stellte sich vor, dass sie sich zu einem gemeinsamen Abendessen mit ihm traf. Bei Kerzenschein, weißer Tischdecke und blank polierten Gläsern. Sie malte sich aus, wie sie von dem köstlichen Fleisch schnitt, es mit der Gabel zum Mund führte und vor lauter Aufregung, statt das Fleisch in den Mund zu führen, sich aus Versehen, knapp neben der Mundöffnung, die Gabel in die rechte Wange rammte, da sie nicht auf die Gabel geschaut hatte, sondern auf sein schönes Gesicht. Sie stellte sich vor, dass der Tisch immer weiter von ihr fortrücken würde. Das Weiß der Tischdecke würde sie anspringen, so dass da nur noch diese weiße Leere in ihr wäre, die er niemals würde ausfüllen können. Diese Leere, durch die sie nicht in der Lage war, einen einzigen anständigen Satz zu schreiben.

Sie wunderte sich, wie und warum sie überhaupt so einen Satz denken konnte, zückte einen Stift, aber der Satz war weg.

Dabei hatte sie gehofft, dass sie so verliebt und in geistiger, atemloser Anspannung eine geniale Satzkonstruktion würde niederschreiben können. Aber nein. Auf dem gelben Zettel stand nur „Verliebt". Sie riss den Zettel vom Block und verbannte ihn aufs Klo, wo er direkt über der Klopapierrolle zu kleben kam.

Oder sie würde mit ihm zur blauen Stunde, wenn der Glühball am Horizont langsam im Schwarzen Meer verschwand, am Atlantik in einem Strandkorb sitzen. Ihre Gesichter wären blau, da sie ja blau sein mussten, da es „blaue Stunde hieß", und die Wellen würden sich brechen. Plötzlich würde sie ihn so heftig umarmen, dass der Strandkorb umfiel, und sie würden beide im Sand landen. Über ihnen der Strandkorb, aus dem es kein Entweichen mehr gab, denn er war ein Gefängnis, in dem sie fünf Stunden später an dem Sand in ihren Mündern erstickt wären. Man würde nur noch ihre braungebrannten, eng umschlungenen Leichen finden, ohne dass sie, Inka Ziemer, jemals ein Wort geschrieben hätte.

Wieder so ein Satz, den sie nicht geschrieben, nur gedacht hatte. Sie trug den Zettel, auf dem „Die blaue Stunde" stand, auf den Dachboden und klebte ihn dem Schrumpfkopf, der im Wind der geöffneten Dachluke seufzte, direkt auf die Stirn.

Nach diesem erfolglosen Tag warf sie sich in ihre Totenkopfklamotten und ging hinunter ins Leonhardsviertel, um dort zunächst beim Brunnenwirt eine Currywurst zu essen und dann in einer Nuttenkneipe zehn Biere zu kippen, bis sie vom Barhocker fiel. Sie tat das oft, um sich von den Reichentrips herunter zu holen.

Am nächsten Morgen erwachte Inka mit einer Kugel Blei im Hirn, als es lange an der Haustür klingelte. Sie konnte jedoch nicht aufstehen, und in einer Endlosschleife dachte sie: Wer ein spannendes Buch schreibt, kann nur eine Nutte sein. Da sie selbst ja nichts, aber auch gar nichts zustande brachte. Die Bleikugel in ihrem Hirn veranlasste sie dann doch noch zu einem kleinen Gedicht:

Blutsonne

ein einziger winziger roter vogel

piepst in meinem garten
er ist traurig
da er nicht mitgenommen wurde
auf den flug in den süden
und so kreischt er jetzt immer
und immer mehr
und
ich kann ihm nicht helfen
da die sonne blut tropft

Stolz hängte sie den gelben Zettel an die Kaffeemaschine, damit sie das Geschriebene jeden Morgen begutachten konnte. Da ihr übel war, postete sie auf Facebook: *Dass der Mensch immer was essen muss… versteh ich nicht!*
Der nächste Termin beim Therapeuten stand an. Inka zog das kleine Schwarze von Boss an, das sie sich von Onkel Theos Geld gekauft hatte, dazu Netzstrümpfe mit einer schwarzen Naht und einen kecken roten Hut, der in die Farbe ihres Haares überging. Beim Schminken zitterten ihre Hände vor Aufregung so sehr, dass der Lidstrich zweimal daneben ging. Erst beim dritten Mal fand sie die richtige Stelle. So ausstaffiert entstieg sie an diesem sonnigen Septembernachmittag wieder einem neuen Auto, das sie sich aus Onkel Theos Oldtimer-Sammlung geliehen hatte. Es war ein roter Alfa Spider vom Typ Coda Tronca, Baujahr 1969. Zu ihrer Genugtuung stellte Inka fest, dass Julian Meister sie bereits wieder vom Fenster aus beobachtete. Im Wartezimmer der Praxis saß eine hübsche junge Frau. Inka rätselte, ob Julian Meister gefallen an ihr finden würde. Bei diesem Gedanken konnte sie nicht umhin, eifersüchtig zu werden. Wie viele er wohl schon vernascht hatte?

Erst nach zehn Minuten wurde sie in den Therapieraum gerufen. Er saß vor seinem Schreibtisch und schaute gerade etwas im Computer nach. Als Inka eintrat, blickte er auf, und sie konnte sehen, dass ein Lächeln durch seine Gesichtszüge schoss. Er schien sich ebenfalls auf sie gefreut zu haben. Sie setzte sich und kramte in ihrer Tasche nach dem Buch, das sie ihm zeigen wollte. Dabei senkte sie den Kopf, um ihn nicht anschauen zu müssen. Während er sich etwas zu weit vorlehnte, begann er das Gespräch: „Wie ging es Ihnen nach unserer letzten Sitzung. Haben Sie etwas schreiben können?"

„Nur ein Gedicht". Inkas Stimme klang rau. „Aber ich habe etwas herausgefunden." Sie reichte ihm das Buch mit der aufgeschlagenen Seite. „Das hier ist der Beweis, dass ich die Reinkarnation von Virginia Woolf bin. Warum kam da gestern nicht mehr über Virginia Woolf?" Er las aufmerksam, klappte dann das Buch zusammen und legte es auf zurück den Tisch. „Nun, vermutlich deshalb, weil der Missbrauch alles überschattet. Die Seele von Virginia ist ja noch sehr jung, im Vergleich zu der, die Sie im Mittelalter hatten. Gerade einmal siebzig Jahre alt und noch nicht gereift. Deshalb haben Sie ja diese Schreibblockade, und die gilt es nun gemeinsam zu lösen. Ich würde Sie dazu jetzt gerne in eine Kurzhypnose versetzen, und dann schauen wir einfach, was da noch kommt.

Inka war einverstanden, und sie gingen wieder hinüber zur Couch. Diesmal änderte er seine Suggestion ein wenig. Vorher vereinbarten Sie aber noch, genau wie beim letzten Mal, dass er sie während der Hypnose duzen würde.

„Du schläfst tief und fest, tief und fest... und du fühlst dich wohl dabei und sinkst immer tiefer und tiefer in einen wunderschönen Zustand der absoluten Entspannung. Ich passe auf dich auf. Dir kann gar nichts passieren... Bist du bereit?"

„Ja" sagte Inka.

„Du hast keine Angst vor dem Tod. Deine Seele geht noch immer zu Fuß, aber deine Anima hinkt. Ich gebe dir jetzt ein Krafttier an deine linke Seite. Das ist die weibliche Seite, und von jetzt an wird dort eine Löwin neben dir gehen. Sie wird alle deine Blockade lösen. Jetzt kommen wir zu deiner Mutter. Sie konnte dir keine sein, da sie selbst noch wie ein Kind war. Außerdem ist sie viel zu früh gestorben. Deswegen ist deine männliche Seite so stark ausgeprägt. Mit dem Animus hast du dich im Patriarchat behauptet. Denk von nun an immer an die Löwin an deiner Seite, dann wirst du deine weibliche Seite wiederfinden. Und dann wirst du auch schreiben können."

Dann gab er Inka ein Mantra, das sie vier Wochen lang jeden Morgen vor dem Aufstehen aufsagen oder aufschreiben sollte:

„Mit phantasievollem Schreiben gehe ich in mein neues Leben!" Um Inka aus der Trance zu holen, zählte er wie beim letzten Mal rückwärts und schnippte mit den Fingern.

Als sie sich wieder gegenüber saßen, spürte Inka noch immer das warme Prickeln in ihrem Rücken.

„Was für ein schönes Mantra. Wird es tatsächlich helfen?"

„Wenn Sie es regelmäßig anwenden, ja. Für heute ist es genug. Wir sehen uns in vier Wochen wieder. Bis dahin wird sich die Wirkung des Mantras schon entfaltet haben."

Sie biss sich auf die Lippen. Vier Wochen, ohne ihn zu sehen? Das würde sie nicht überleben. Sie sah auf ihre Uhr. Es war jetzt sechs, und sein Arbeitstag war sicher zu Ende. Wenn er die Praxis direkt nach ihr verließ, könnte sie ihn vielleicht drüben in der Bar erwischen. Falls er überhaupt trank, und falls er überhaupt in eine Bar gehen würde…

Zum Abschied strich er ihr wieder über den Rücken. Diesmal wagte er sich allerdings besonders weit vor:

„Kann es sein, dass Sie sich vor Beziehungen fürchten, weil Sie nicht enttäuscht werden wollen?"

Die Frage verwirrte sie, und sie antwortete nicht drauf. Stattdessen trat sie nach draußen an den Empfang, wo ihre Konkurrentin noch immer wartete und an einer Tasse Tee nippte. Du dummes Hühnchen, dachte Inka. Ich werde dich grillen, wenn du ihn mir wegnimmst. Dann ging sie an ihr vorbei nach draußen und ließ die Tür energisch hinter sich zufallen.

Unten angekommen schaute sie sofort nach oben. Julian stand wieder hinter dem Fenster und beobachtete sie wie ein Adler von seinem Horst. Sie deutete ein Winken an, gerade groß genug, um es wie beiläufig aussehen zu lassen, und er winkte zurück. Doch plötzlich streckte sich ihr Arm aus und deutete auf die Bar gegenüber. Sie konnte nicht glauben, was sie da gerade tat. Es war, als hätte jemand anderer ihre Hand bewegt, und sie wollte die Geste gerne wieder zurücknehmen, doch es war zu spät. Sie hatte ihm tatsächlich bedeutet, ihr zu folgen. Jetzt gab es kein Zurück mehr. Wenn er nicht kommen würde, dann war dies das Peinlichste was sie je getan hatte.

Und wenn er kommen würde, dann…

Inka war jetzt feuerrot im Gesicht. Sie ging zu einem der Tische, die draußen standen, und bestellte sich einen Campari Soda. Es war noch angenehm warm draußen um diese Jahreszeit, und so konnte sie ihn nicht verpassen, wenn er das Haus verließ. Sie kramte in ihrer Tasche, denn sie hatte nicht nur die Biographe von Virginia mitgenommen. Fast immer schleppte sie zwei oder mehr Bücher von ihr mit sich herum, um sofort darin lesen zu können, wenn sie das Bedürfnis danach hatte. Während sie auf ihr Getränk wartete, blätterte sie in *Die Wellen*. Wie immer stieg sofort ein vertrautes Gefühl in ihr auf, während sie die Seiten aufschlug. Es war, als ob sie in ein Stück Brot beißen würde. Als ob sie erst durch das Lesen sie selbst werde.

Nach dem Schock von soeben, bei dem sie in tausend Stücke zersprungen war, brauchte Inka jetzt dringend das Gefühl, eins zu sein mit Virginia. Die folgenden Worte waren wie für sie gemacht:

„„Er ist Percival", sagte Louis, „der so still dasitzt, wie er vormals zwischen den kitzelnden Gräsern saß, wenn der Wind die Wolken auseinander trieb und sie sich wieder zusammenschlossen, er ist es, der uns bewusst macht, das unsere Behauptungen, 'ich bin dies, ich bin das', die wir aufstellen, wenn wir zusammen kommen, falsch sind, wie die getrennten Teile von Körper und Seele. Etwas ist aus Angst verschwiegen worden. Etwas ist aus Eitelkeit abgewandelt worden. Wir haben versucht, die Unterschiede hervorzuheben. Aus dem Wunsch heraus, verschieden zu sein, haben wir unsere Fehler betont und das Besondere an uns. Doch darunter wirbelt eine Kette ständig in einem stahlblauen Kreis rund und rund herum."

Inka nahm einen Schluck und blickte versonnen in den Himmel. Ja, genau so fühlte es sich an. Sie musste sich nicht vor Julian fürchten. Sie waren keine getrennten Wesen, ebenso wenig wie sie und Virginia getrennt waren. Ein unsichtbares Band verwebte alle Existenzen. Und wenn sie Virginia war, dann war Julian ihr Leonhard Woolf. „Ach, Leonhard." Inka stieß einen tiefen Seufzer aus und erhob das Glas auf ein nicht vorhandenes Gegenüber.

Eine Stunde später war er noch immer nicht da. Sie hatte das Fenster die ganze Zeit im Blick gehabt, doch das Rouleau bewegte sich nicht mehr. Wahrscheinlich hatte er doch noch einen Termin mit dem Hühnchen.

Sie wollte gerade zahlen, als sie sah, wie er aus dem Haus trat, die Tür abschloss und mit eiligen Schritten auf die Bar zukam. Ihr rutschte das Herz in die Hose, und sie selbst nervös auf dem Stuhl hin und her, bis er endlich an ihrem Tisch war und sich mit den Worten „Darf ich?" zu ihr setzte.

„Was für ein Zufall, Sie privat zu sehen." Er lachte über seinen Scherz, und Inka lächelte ebenfalls.

„Was trinken Sie da Schönes?"

„Campari Soda."

„Gute Idee, so einen bestelle ich mir auch. Nach dem langen Tag habe ich eine Erfrischung bitter nötig."

Er drehte sich um und winkte nach dem Ober. Inka hatte sich vor lauter Nervosität eine Zigarette angezündet und paffte Rauchringe in die Luft. Julian lächelte:

„Das habe ich zuletzt bei meinem Vater gesehen. Er hat sich zu Tode geraucht. Mir war das eine Lehre. Ich habe mit der Raucherei nie angefangen."

„Nicht jeder Raucher stirbt daran" entgegnete Inka und blies noch mehr Ringe in den Himmel, die sich im dunkler werdenden Abendhimmel auflösten.

„Was für ein schöner Abend. Und das Ende September! Ich hoffe, das Wetter bleibt noch eine Weile so. Ich habe nämlich noch keinen Urlaub in Aussicht. Zu viele Klienten stehen noch auf meiner Liste."

Der Ober stellte ein Glas Campari-Soda vor ihn hin.

„Eigentlich darf ich mich mit meinen Klienten nicht privat treffen, das verbietet mir meine Supervision. Bei Ihnen habe ich jedoch schon während der ersten Sitzung gedacht, dass ich Sie gerne näher kennenlernen möchte. Sie scheinen etwas Besonderes zu sein. Ein Schatzkästchen, zu dem man gerne einen Schlüssel hätte." Während er sprach, rückte er mit seinem Stuhl näher an den Tisch heran und beugte sich dann leicht zu ihr nach vorn.

Inka wurde knallrot im Gesicht. Sie gab sich alle Mühe, mit fester Stimme zu sprechen und hoffte, dass er ihr die Aufregung nicht anhören würde:

„Als ich da vorhin den Arm ausgestreckt habe, das... also, das war ich nicht. Ich meine... ich war wie von Geisterhand geleitet. Mir geht es eigentlich so wie Ihnen, aber ich habe mich nicht getraut, etwas zu sagen."

„Es ist Bestimmung, Schicksal. Daran glaube ich."

Plötzlich hörte man ein Donnern. Beide schauten gleichzeitig in den Himmel.

„Ohje, da kommt gleich was runter!" Julian schob seinen Stuhl wieder zurück. „Ich denke wir sollten zahlen."

Als sie gingen, fielen bereits die ersten dicken Tropfen. „Schnell, dort zwischen die zwei Häuser, sonst werden wir patschnass." Er legte ihr den Arm um die Schulter, und Inka schmiegte sich mit eingezogenem Kopf an ihn, während sie durch den Regen rannten.

Als sie endlich in dem überdachten Hof standen, in dem es stockfinster war, nahm er ihr Gesicht in beide Hände und küsste sie sanft und lange. Inka hatte das Gefühl, in einem Traum zu sein. Sie war noch nie in ihrem Leben so verliebt gewesen und konnte nicht glauben, dass sie so ein Glück hatte. Julian Meister, ihr wunderschöner Therapeut, interessierte sich für sie!

Ein starker Wind fegte jetzt durch den Hof, und Inka drückte sich noch enger an ihn. Plötzlich drang der Geruch verwesenden Fleisches in ihre Nase, den sie so gut aus der Firma kannte. Erst jetzt bemerkte sie, dass sie mit dem Rücken an einer halb geöffneten Mülltonne lehnte. Julian, der sie dagegen presste, schien davon nichts zu bemerken. Inka wollte sich ihren Traum nicht von einer blöden Mülltonne zerstören lassen, und obwohl sie sich fast übergeben hätte, sagte sie nichts.

Plötzlich legte Julian die Stirn in Falten, und Inka dachte schon, er hätte den Gestank bemerkt.

„Ist dir eigentlich klar, dass deine Therapie damit zu Ende ist? Andernfalls werden wir uns nicht weiter treffen können." Inka dachte kurz nach. Ihn nicht wiederzusehen war ganz ausgeschlossen. Doch die Therapie abzubrechen bedeutete den Verzicht auf die Chance, endlich schreiben zu können. Dabei war Schreiben das Wichtigste in ihrem Leben. Würde ihr das später nicht einmal leid tun? Und könnte Julian, könnte überhaupt irgendein Mann ein Ersatz für das Schreiben sein? Inka wollte jetzt nicht darüber nachdenken. Sie genoss es lieber, mit ihm zusammen zu sein. In einem stockfinsteren Hinterhof, vor einer stinkenden Mülltonne, doch das alles war egal, solange er bei ihr war. Sie sah ihm in die Augen und nickte ihn stumm an. Er zog sie zu sich heran, und seine Stimme wurde noch ein wenig ernster: „Wenn wir uns treffen, dann wird das in Zukunft nur an heimlichen Orten gehen. Verstehst du das? Es könnte mich meinen Job kosten, wenn man mich außerhalb der Praxis mit einer Klientin sieht. Der Supervisor ist mir bereits auf den Fersen."

Inka wollte ihm gerade entgegnen, dass sie ja gar nicht mehr seine Klientin wäre, wenn sie die Therapie beendete, da verschloss er ihr den Mund mit einem Kuss. Plötzlich raschelte es hinter ihr, und kurz darauf sah sie, wie eine Ratte über den Hof rannte und in einem der Kellerfenster verschwand. Das war jetzt allerdings zu viel. Mit einem spitzen Schrei löste sie sich aus seiner Umarmung und bedeutete ihm, dass sie gehen wollte. Sanft legte er ihr zwei Finger auf den Mund: „Schon gut, ich muss auch los. Das Schönste heben wir uns lieber für später auf, nicht wahr?"

Nachdem sie hastig ihre Handynummern ausgetauscht hatten, verschwand er im Dunkel. Und Inka rannte, rannte was das Zeug hielt durch den Regen zu ihrem Auto, und als sie endlich einstieg war ihr Kleid völlig durchnässt. Zuhause angekommen hatte sie das Gefühl, dass alles an ihr nach Müll zu roch. Sie warf das kleine Schwarze bei sechzig Grad in die Waschmaschine und stellte sich dann selbst unter die Dusche. Zwei Stunden später war ihr Lieblingskleid auf Kindergröße geschrumpft, und sie lag verwirrt und glücklich im Bett.

18 SELTSAME TREFFEN

Julian meldete sich bereits am nächsten Morgen. Inka freute sich riesig, seine Stimme zu hören. Doch außer ein paar knappen Instruktionen sagte er nicht viel: „Ich hab morgen etwas beim Aldi zu erledigen. Treffen wir uns dort? Um 18.00 Uhr bei den Kleiderwühltischen."

Nun gut, dachte Inka. Sie würden sich sicher bei ihrem Treffen länger unterhalten.

Für das Treffen steckte sie sich die Haare hoch. Doch was sollte sie anziehen? Sie dachte nach. Das kleine Schwarze war auf Minigröße geschrumpft und kam nicht mehr in Frage. Seufzend öffnete sie den Kleiderschrank und entschied sich endlich für einen Pulli im Leoprintdesign, den sie erst kürzlich gekauft hatte hatte. Noch eine Jeans, und fertig. Sie war fünf Minuten zu früh bei den Wühltischen und begann aus Verlegenheit, in den billigen Acrylpullis zu wühlen. Ihre Größe war ausverkauft, und Inka schnappte sich einen Pulli in Größe 48 und ging damit in die Umkleidekabine, wo sie sich das Teil überzog. Sie betrachtete sich im Spiegel. Wie eine Mülltonne, dachte sie, und musste lachen. Plötzlich öffnete sich der Vorhang und Julian schaute grinsend herein. „Komm rein." Inka zog ihn in die Kabine. „Wie siehst du denn aus?" Er lachte und küsste sie wie gestern Abend lange und sanft. Als Inka sich gerade darauf einstellte, etwas länger mit ihm in der Umkleidekabine zu verbringen, schob er sie plötzlich von sich weg. „Ich muss jetzt zu meinem Termin." „Du hast hier einen Termin? Beim Aldi?" fragte Inka ungläubig. „Ja. Wir sehen uns morgen, um die gleiche Zeit beim Lidl vor den Kühlregalen." Dann verschwand er nach draußen, und Inka fragte sich, was sie hier machte. Den halben Nachmittag hatte sie damit verbracht, die passende Kleidung zu finden, hatte sich das Haar hochgesteckt und geschminkt, und das alles für drei Minuten? Sollte das ein Spiel sein, und wenn ja, was bezweckte er damit?

Am nächsten Abend wartete sie beim Lidl an den Kühlregalen. Er kam pünktlich, und nachdem er sie wieder lange geküsst hatte, öffnete er die Glastür und nahm eine Packung Tiefkühlshrimps der Marke „Gut und Billig" heraus. Sie waren jetzt alleine in der Regalreihe. Er öffnete die Packung und schob ihr dann nacheinander drei Shrimps in den Schritt. Dabei schaute er ihr in die Augen und sagte in verschwörerischem Ton: „Das ist viel besser als Geschlechtsverkehr." Dann brach er plötzlich in Lachen aus, und Inka, die zuerst sprachlos gewesen war, fand nun auch Gefallen an dem Spiel. Er hatte Phantasie, und das gefiel ihr. „Aber warum nur die Billigmarke?" Er lächelte spitzbübisch, langte ihr erneut in den Schritt, nahm die Shrimps wieder heraus und tat sie in die Packung zurück. Dann legte er die Packung zurück ins Regal. Inka schnappte nach Luft, und als sie gerade protestieren wollte, zog er sie zu sich heran und küsste sie leidenschaftlich. „Morgen möchte ich dich bei ‚Autoteile Ungerer' sehen. Um dieselbe Zeit."

Im Reifenlager roch es nach Gummi, und aus der Werkstatt zogen Schwaden von Motoröl zu ihr herüber. Sie wartete zwischen zwei Regalen, in denen sich neue, schwarzglänzende Reifen stapelten. Für das heutige Treffen hatte sie sich extra einen Blaumann angezogen, und als Julian kam, brach er in schallendes Gelächter aus. Diesmal sank er theatralisch vor ihr auf die Knie und überreichte ihr eine Rose aus Plastik. Mit der anderen Hand zauberte er einen Piccolo Rotkäppchen-Sekt und zwei Plastikbecher hinter dem Rücken hervor. Er schenkte ein, prostete ihr zu, und nachdem sie getrunken hatten, küsste er sie ausgiebig. Dann verschwand er wieder.

So ging es immer weiter. Sie trafen sich an einer Tankstelle, wo er Inka auf dem Parkplatz zwischen wartenden LKWs küsste, während die Fahrer von ihren Kabinen aus das Schauspiel genossen. Ein anderes Mal fand ihr Rendezvous auf einem Recylinghof für Autos statt. Während direkt neben ihnen ein

Bagger Autoteile zertrümmerte, flüsterte er ihr ins Ohr, was er am liebsten mit ihr tun würde, ohne irgendetwas davon zu tun. Bei OBI verpufften ihre Küsse in der Holzschnittabteilung unter dem nervigen Ton einer Kreissäge, und als sie sich einmal in einem alten Bunker trafen, erzählte er, dass er gerade sehr viel Geld in einen Bunker investiere. Der dritte Weltkrieg käme bestimmt, da sei so etwas eine sichere Geldanlage.

Inka verzehrte sich vom ersten Abend an nach ihm. Er hatte Sie bei all den Dates zwar erregt, aber niemals befriedigt. Die seltsamen Treffen fanden ein jähes Ende, als er ihr einen Schlachthof vorschlug. Am Telefon hatte er ihr angekündigt, sie würden dort das Schloss des Kühlraumes knacken, in dem blutige ausgeweidete Schweinehälften hingen. Dann würden sie sich lieben, bis sie in der Eiseskälte erstarrten. Inka antwortete ihm, dass das nächste Treffen entweder bei ihr oder überhaupt nicht stattfinden würde, und er willigte ein. Sie hatte den Tisch festlich mit Kerzen gedeckt und Austern und Hummer besorgt. Julian war tatsächlich pünktlich, zum Essen kam es jedoch an diesem Abend nicht mehr, denn sie fielen wie zwei ausgehungerte Tiere übereinander her. Auf dem Höhepunkt sagte sie leise „Leonhard" zu ihm, und Julian tat, als hätte er es nicht gehört.

Am nächsten Morgen war ihre Bettseite leer. Von unten drangen Fernsehgeräusche herauf. Sie sprang aus dem Bett und lief nach unten, wo Julian umringt von Austernschalen und Hummerresten auf die Mattscheibe starrte und ein Autorennen verfolgte. Das fand sie nun überhaupt nicht romantisch, denn sie hatte sich eigentlich vorgestellt, dass er mehr der romantische Typ wäre. Ein eher sensibler Mann, mit weiblichen Anteilen, der ihre Anima ersetzen würde, die sie selbst noch nicht gefunden hatte.

Doch das sollte nicht die einzige Enttäuschung an diesem Morgen bleiben. Ohne große Umschweife fragte er sie, ob sie im eintausend Euro leihen könne. Er müsse heute noch dringend zu einem Weiterbildungsseminar fahren und hätte in der Eile gestern seine Kreditkarte zu Hause vergessen. Inka dachte kurz nach. Es war unwahrscheinlich, dass er pleite war.

Immerhin boomte seine Praxis, und er nahm hohe Honorare. Wahrscheinlich war er einfach gerade in einer unbequemen Situation und sie konnte ihm leicht helfen. Mit den verbleibenden fünfhundert Euro würde sie bis zum Ende des Monats knapp auskommen. Sie nahm die Scheine aus ihrem Portemonnaie und zählte sie vor ihm auf den Tisch:

„Wenn du genauso lustig und geistreich zurückkommst..."

Er nahm dankend das Geld und ging ins Bad, um zu duschen. Kurz bevor er verschwand, gab er ihr noch einen Kuss. Die nächsten Wochen waren die Hölle für Inka. Julian meldete sich nicht, und sie malte sich ständig aus, wie er sie auf dem Seminar mit einer anderen Frau betrügt. Außerdem blieb ihre Periode aus. Zuerst schob sie den Gedanken beiseite, denn sie hatte schon mehrmals Unregelmäßigkeiten in ihrem Zyklus gehabt. Als sie jedoch zwei Wochen überfällig war, besorgte sie sich eines Morgens in der Apotheke einen Schwangerschaftstest und pinkelte daheim über den Teststreifen. Auf dem Badewannenrand sitzend wartete sie auf das Ergebnis. Plötzlich wurde ihr schwarz vor Augen. Der Teststreifen verfärbte sich tatsächlich, und Inka las ungläubig noch einmal die Packungsbeilage. Doch sie hatte sich nicht geirrt: Zwei rote Streifen bedeuteten eine Schwangerschaft. Fassungslos weiteten sich ihre Augen. Sie hatte nicht verhütet, weil sie sich so kurz vor der Periode sicher war, nicht schwanger werden zu können. Und jetzt das? Nach einem einzigen Mal Sex?

Im Laufe des Tages ließ das Entsetzen nach und sie freundete sich mit dem Gedanken an, ein Kind zu bekommen. Sie musste jetzt unbedingt Julian erreichen. Warum auch immer er sich gerade nicht meldete: dies war definitiv ein Grund, Kontakt mit ihm aufzunehmen. Sie schickte ihm eine Nachricht über WhatsApp, in der sie ihm mitteilte, dass sie etwas Wichtiges mit ihm zu besprechen habe. Ob er nicht zu ihr kommen wolle? Drei Stunden später landete die Antwort auf ihrem Handy: „Komme heute Abend."

Als sie die Tür öffnete, stand Julian groß lächelnd und braungebrannt vor ihr. Seine Zähne blitzten weiß, und er schien bester Laune zu sein. Inka fragte ihn, warum er sich so lange nicht gemeldet hatte.

„Du weißt doch, dass ich auf einer Weiterbildung war. Die Tage vergehen dort wie im Flug, und abends sitzt man mit den Kollegen zusammen oder bereitet sich auf den nächsten Tag vor. Ich war wirklich sehr beschäftigt, es tut mir leid."

„Du siehst erholt aus, als ob du in dir selber ruhst."

„Ja, das waren die Meditationen jeden Tag. Was ist denn jetzt die Neuigkeit?" fragte er neugierig.

„Setz dich erst mal. Ich mach dir einen Tee."

Ein paar Minuten später stellte sie das Tablett mit zwei Tassen und einer Kanne Ingwer-Zitronentee auf den Tisch.

„Ich bin schwanger. Und ich bin mir ziemlich sicher, dass es ein Mädchen wird."

Falls Inka geglaubt hatte, er würde sich über diese Nachricht freuen, wurde sie augenblicklich eines Besseren belehrt. Sein entspannter Gesichtsausdruck verzog sich von einer Sekunde auf die andere zu einer Grimasse.

„Oh mein Gott! Nein! Das kann doch nicht sein." Er schlug die Hände vors Gesicht und begann zu stöhnen, als hätte er Schmerzen. Dann fasste er sich wieder und sagte mit fester Stimme: „Ich will das nicht!"

„Aber wir wären eine kleine Familie, Julian. Wir haben doch das richtige Alter dafür."

„Ich? Das ist ja absurd. Nie... niemals!"

„Aber warum denn nicht? Ich verstehe dich nicht."

„Das kann ich dir nicht erklären. Du musst es wegmachen lassen, bitte..."

„Das kommt überhaupt nicht in Frage. Mein eigenes Kind umzubringen. Ich will es behalten."

„Wenn du das machst, dann... dann ist es aus zwischen uns."

„Wegen des Babys? Aber es wird ganz bestimmt goldig sein, kannst du es dir denn nicht einmal vorstellen?"

„Babys sind furchtbar. Ich kann nichts mit ihnen anfangen."

„Aber sie wachsen doch!"

„Kinder sind überhaupt schrecklich, man muss ständig für sie da sein. Erst sind sie klein und hilflos, dann kommen sie in die Pubertät und sind anstrengend… es dauert Jahre bis sie selbständig sind. Und dann ist mein Leben vorbei. Ich will auch die Verantwortung nicht übernehmen. Also, bist du dir wirklich sicher, dass du es behalten willst?"

„Ja, ich will das Kind."

„Ok, dann ist es aus zwischen uns."

Er stand auf und ging. Inka hörte, wie die Tür mit einem lauten Knall hinter ihm zufiel und sank kreidebleich auf das Sofa.

19 SCHMERZ

Mehrere Tage lang versuchte sie, ihn auf seinem Handy zu erreichen. Nichts, er meldete sich nicht. Sie schrieb ihm Nachrichten, doch alle blieben unbeantwortet. Eines Morgens war seine Nummer aus ihrem WhatsApp-Account verschwunden. Inka bekam wieder Verstopfung, genau wie damals, als Maman gestorben war. Dazu kamen die Übelkeit der Schwangerschaft und die Lust, die unmöglichsten Sachen in sich hineinzustopfen. Sie fühlte sich wie ein aufgegangener Hefeteig.

Irgendwann kam ihr die Idee, seine Praxis zu beobachten. Einen ganzen Tag lang stand sie auf dem Kiesparkplatz mit dem Schild „Nur für Besucher", doch die Rouleaus blieben verschlossen. Niemand ging ein oder aus, bis sie gegen Abend aus dem Auto stieg und zur Eingangstür ging. Erst jetzt sah sie, dass das Praxisschild fehlte. An der Stelle, wo es montiert gewesen war, war die Hauswand etwas heller. Jetzt überkam sie pure Verzweiflung. Sie wusste nicht einmal, wo er wohnte. Der Vater ihres Kindes hatte sich in Luft aufgelöst. Es war ein totales Fiasko.

Am Abend saß sie allein vor dem weiß gedeckten Esstisch und starrte vor sich hin, während draußen der erste Schnee fiel und alles im Garten unter einer weißen Decke begrub. Dann holte sie sich *Die Wellen* von Virginia Woolf und ließ Ihren Blick über die Zeilen gleiten, bis sie endlich etwas fand, das ihr Halt gab:

„Maßlos, aufnahmefähig, alles enthaltend, vor Fülle zitternd, dennoch klar, gefasst – so erscheint mir mein Wesen jetzt, da das Begehren nicht länger hinaus- und fortlockt, jetzt, da die Neugier es nicht länger mit tausend Farben tönt. Es liegt tief unten, ohne Gezeiten, immun, jetzt, da er tot ist der Mann…"

Sie fühlte sich, als hätte sie jemand von innen ausgehöhlt, und ohne darüber nachzudenken griff sie zu ihrem Notizbuch. Mit einem Mal war sie frei von der Idee, etwas Besonderes schreiben zu wollen. Sie schrieb sich einfach ihren Schmerz aus dem Körper, und es war ihr gleich, ob das gut war oder schlecht.

Mein Herz ist eine kalte Wunde. Du hast sein Feuer gelöscht, und die Lava, die einst durch meinen Körper floss, ist zu einem Gletscher aus weißer Asche erstarrt. Weiß wie das Tischtuch, weiß wie der Schnee, der alles Leben unter sich begräbt, treibt meine Seele wie ein leeres Boot auf dem Meer im ewigen Sturm, und will an dem Gestade stranden, das man den Tod nennt.

Nein, sie würde nicht sterben, sie konnte immerhin noch schreiben. Aber er war tot. Ab sofort war er für sie gestorben! Mit diesem Gedanken raffte sie sich auf und ging ins Bett, um in einen tiefen Schlaf zu fallen, während der Neuschnee eine glitzernde Decke über die Erde legte.

Gegen vier Uhr morgens schreckte sie plötzlich auf. Im Traum hatte sie Virginia Woolf in einer Glastür gesehen. Ihre Arme und Beine waren zu Stümpfen verkohlt, und mit dem rechten Armstumpf hielt sie einen Tropf. Sofort war sie hellwach. Sie hatte geträumt, dass Virginia krank war. Aber sie war ja Virginia. Das konnte nur bedeuten, dass ihr eigenes, schreibendes Ich kurz vor dem Tod stand. Die ganze Zeit, in der sie in dem Liebesspiel mit Julian gefangen war, hatte sie nicht mehr an das Schreiben gedacht. Warum nur hatte sie dieses Spiel mitgespielt? Es war klar, dass er sie betrogen hatte, um dann einfach zu verschwinden. War er verheiratet? War der

Supervisor, vor dem er sich ständig verstecken musste, vielleicht seine Frau? Warum hatte er so wenig Zeit mit ihr verbracht?

Inka wurde schlagartig klar, dass sie nichts, wirklich gar nichts von ihm wusste. Wie es aussah, war sie einem Betrüger aufgesessen. Aber mit wem sollte sie darüber sprechen? Diese Geschichte konnte man doch niemandem erzählen? Es war einfach zu peinlich.

Sie würde das Kind Virginia nennen. Mit diesem Gedanken stand sie auf, obwohl es noch früh am Morgen war. Durch die Glasfront konnte sie sehen, dass im Garten Schnee lag. Sie würde sich wieder dem Schreiben widmen, und wenn es erst einmal nur Sätze im Geiste waren.

Nach dem Kaffee zog sie ihren Mantel an und ging hinaus. Im Morgengrauen fielen noch immer tausende glänzender Flocken vom Himmel. Ohne ein bestimmtes Ziel irrte Inka durch die ausgestorbene Innenstadt. Ihren Gedanken verwirrten sich, es gab keinen festen Bezug mehr.

Zehn Zentimeter Neuschnee scheiteln meine Seele in Watte oder Gewissen. Körperteile fallen in jener Nacht von einem Hochhaus. Ich sitze unten und lache. Mit zurückgebogenem Kopf liege ich da. Im kalten Schnee, während er wie eine warme Schlange in mich hineinkriecht. Dann, während er neben mir läuft, grabe ich mit meinen Stiefeln zwanzig Zentimeter tiefe Löcher in den Neuschnee, während ein Engelshaar aus dem Hochhaus auf meine Schulter fällt. Ich habe mir nichts zu Schulden kommen lassen. Die Last liegt auf ihm, er schmort jetzt bei Neuschnee in der Hölle.

Wieder zurück in der Villa hatte sie bereits alles wieder vergessen. Wütend darüber, dass sie keinen ihrer Sätze behalten hatte, postete sie auf Facebook: *Glückliche Paare im Park mit Steinen bewerfen.*

Sie war jetzt allein, und sie musste sich jemandem anvertrauen. Sie hatte nur das Kind in sich. Mit dem konnte sie zwar reden, aber es hörte sie ja noch gar nicht. Doch das war es, was sie jetzt dringend brauchte: Jemanden, der ihr zuhörte. Onkel Theo wäre eine Option, doch würde er sie nicht auslachen?

Schließlich hatte sie seine 5000 Euro zum Fenster hinausgeworfen, indem sie einem Scharlatan aufgesessen war. Rolande kam überhaupt nicht in Frage. Er würde sie nur wieder fertigmachen und ihr sagen, was für eine dumme Gans sie sei. Er hätte ihr ja schon vorher gesagt, dass eine Reinkarnationstherapie der reine Schwachsinn sei...

Die Sache mit dem Schreiben kam auch nicht voran. Sie wollte über ihren Traum von heute Nacht nachdenken, mit der kranken Virginia, die ihr erschienen war. Doch sie fand nur noch klägliche Überreste in ihrem Bewusstsein. Eine Stimmung, ein Schleier, eine Glastür, Lepra. Ihre Träume konnten ihr alles erzählen, wenn sie es schaffte, sie zu erinnern. Es war jetzt sieben Uhr morgens, und Inka sah mit einem Mal alles viel schärfer als sonst. Sah klar wie noch nie die Bilder an der Wand, kristallklar die Bäume im Garten... Ihre Sinne waren geschärft wie ein frisch gewetztes Messer. Draußen zwitscherte eine einsame Amsel ihr trauriges Lied und Inka ging hinaus, um den Vogel mit Rosinen zu füttern.

Dann öffnete sie die Tür zum Terrarium, und sogleich trabte Tiberius heran, kletterte ihr auf die Hand und reckte das Köpfchen nach einer Streicheleinheit. Während er schon handzahm war, zog sich Nero meistens zurück und wollte seine Ruhe haben. Nachdem sie Tiberius vorsichtig auf den Boden gesetzt hatte, befiel sie plötzlich wieder die Lust zu schreiben. Sie holte sich *Die Wellen* und begann darin zu lesen.

„Mein Gott! Wie haben sie mich gepackt, als ich das Zimmer verließ, die Fangzähne jenes alten Schmerzes! Die Sehnsucht nach jemandem, der nicht da war. Nach wem? Anfangs wusste ich es nicht, dann fiel mir Percival ein. Ich hatte seit Monaten nicht mehr an ihn gedacht. Jetzt mit ihm lachen können, mit ihm Neville auslachen – das war's, was ich wollte. Arm in Arm mit ihm zusammen lachend loszuziehen. Aber er war nicht da. Die Stelle war leer."

Plötzlich wurde ihr schwindelig, der Boden schwankte und sie musste an diese Lücke namens Julian denken, die niemals mehr auszufüllen war, die nicht mit Essen bekämpft und nicht Lesen ausgefüllt werden konnte. Wenn etwas helfen konnte, dann war es das Schreiben, und würde ihr jetzt nicht so schwindelig sein, dass sie nicht mal einen Stift halten konnte, dann hätte sie diesen Satz jetzt aufgeschrieben, dachte sie. Dann vertiefte sie sich wieder in Virginias Sätze:

„Die Wälder waren verschwunden, die Erde war eine Schattenwüste. Kein Geräusch unterbrach das Schweigen der Winterlandschaft. Kein Hahn krähte; kein Rauch stieg auf; kein Zug bewegte sich. Ein Mensch ohne ein Selbst, sagte ich. Ein schwerer Körper, der an einem Gitter lehnt. Ein Toter."

Inka blickte nach draußen auf das Wintermärchen, auf die mit Puderzuckerschnee bekränzten Bäume, die verlassene Terrasse, die Eichen, die unter der Schneelast ächzten. Ja, es war alles ruhig um sie herum, doch das Herz schlug, als wäre eine Apparatur mit vielen Hämmern am Werk. Etwas schien sie zu zwingen, sich einer kalten Melancholie auszusetzen. Ihr kamen die Tränen, und sie fragte sich, was von ihr eigentlich noch existierte, außer dem eisigen Schmerz.

„Wie aber die Welt beschreiben, die man ohne ein Selbst sieht? Es gibt keine Worte. Blau, rot – selbst die lenken ab, selbst die verbergen etwas unter einer dicken Schicht, statt das Licht durchzulassen. Wie soll man je wieder etwas in artikulierten Worten beschreiben oder sagen? – außer, dass es verblasst, außer, dass es einer allmählichen Verwandlung unterliegt und schon während eines kurzen Spazierganges zu etwas Gewohntem wird – auch diese Szenerie. Die Blindheit kehrt wieder, wenn man sich weiterbewegt..."

Inka dachte nach. Was hieß das überhaupt, ein Selbst zu haben? War man nicht immer man selbst? Wie um sich selbst zu entkommen, nahm sie Tiberius vom Boden und trug ihn zum Tisch, wo sie ihn behutsam neben das Buch setzte. Er beäugte es neugierig mit seinen Reptilienaugen, die sich hin und her bewegten, so dass es aussah, als würde er lesen.

20 DIE SCHLEIEREULE

Inka parkte ihren Wagen neben einem roten Porsche, und als sie ausstieg, hatte sie eine Aussicht über ganz Stuttgart. Hier oben auf dem Killesberg stand die Villa von Dr. Astrid Schleier, Ärztin für Neurologie, Psychiatrie und Psychotherapie.

Inka wollte einen neuen Versuch starten. Die Adresse der Praxis hatte sie im Internet gefunden, nachdem Sie sich über verschiedene Therapieformen informiert hatte. Frau Dr. Schleier verstand sich ihren Angaben nach als Psychoanalytikerin. Außerdem hatte sie einen Doktortitel. So etwas wie mit Julian würde Inka nicht noch einmal passieren.

Sie lief gerade durch den Garten auf die Villa zu, als plötzlich ein Vogel vom Himmel fiel und knapp vor ihr aufschlug. Inka blieb erschrocken stehen und bückte sich, um das tote Tier zu betrachten. Es musste im Flug gestorben sein. Inka wunderte sich, dass ihr gerade jetzt so etwas passierte, ging dann aber ins Haus, ohne sich weiter um den Vogel zu kümmern.

Die Sprechstundenhilfe, die ganz in Weiß gekleidet war, zeigte ihr das Wartezimmer. *Hier hängt doch tatsächlich ein echter Cy Twombly*, dachte Inka. Sie fragte sich, ob man mit Psychoanalyse so viel Geld verdienen konnte, oder ob es wie bei Julian nur eine Show war. Sie betrachtete das Bild genauer. Es war ein ausgesprochen schöner Cy Twombly, der sich perfekt in das Weiß des Wartezimmers fügte.

Die Sprechstundenhilfe rief sie auf, und Inka ärgerte sich. Sie hatte nicht einmal zwei Minuten gesessen und hätte die angenehme Atmosphäre des Wartezimmers gerne noch etwas länger genossen. Nun wurde sie so früh aufgerufen, dass Sie keine Zeit mehr hatte, den Zettel in Ihrer Tasche zu lesen, auf den sie ihren Traum und ein paar wichtige Fragen notiert hatte, die sie der Ärztin stellen wollte. Vielleicht hatte diese Ärztin zu wenig Patienten? Inka hatte relativ schnell einen Termin bekommen, obwohl man in der Regel sehr lange auf einen Termin für eine Psychoanalyse warten musste. Im schlimmsten Fall konnte man Monate warten.

Inka betrat das Sprechzimmer. Hinter einem massiven Schreibtisch, auf dem ein Aschenbecher stand, saß eine Frau, die uralt wirkte. Inka dachte, dass sie älter aussah, als ihre Mutter jetzt aussehen würde. In der Hand hielt sie eine Zigarette. Sie hatte kurze, blond gefärbte Haare. Eine Brille mit dicken Gläsern vergrößerte ihre Augen zu Eulenaugen. Sie trug eine weiße Bluse mit kleinen roten Kreuzen. Das Muster sprang Inka sofort ins Auge, da ein rotes Kreuz auf weißem Untergrund das Symbol für medizinische Hilfe ist. Wie passend, dachte sie.

„Setzen Sie sich" krächzte Frau Schleier und deutete auf den Stuhl vor dem mächtigen Schreibtisch. Dabei entwich Rauch aus ihrem Mund. Im Aschenbecher lagen mindestens zwanzig Zigarettenstummel, die am Mundstück von einem hellroten Lippenstift gefärbt waren. Inka dachte, dass die Stummel blutig aussahen.

„Was führt Sie zu mir, junge Frau?"

„Es ist so, eigentlich kann ich das gar nicht sagen. Ziemlich kompliziert irgendwie."

Inka knüllte nervös den Zettel in der Hand, auf dem ihr Virginia Woolf-Traum stand.

„Wenn Sie mir nicht sagen, was Sie hierher führt, kann ich Ihnen nicht helfen. Rauchen Sie?" Dr. Schleier hielt Inka eine offene Schachtel Davidoff hin.

„Vielleicht können Sie sich leichter öffnen, wenn Sie eine rauchen?"

Inka schob sich die Zigarette zwischen die Lippen und zündete sie an. „Nun, es ist so. Ich habe eine Schreibblockade."

„Aha." Frau Schleier hob hinter ihrer Brille interessiert die Brauen.

„Ich habe geträumt. Vielleicht können Sie ja…"

Inka reichte ihr den Zettel. Dr. Schleier strich ihn umständlich glatt und las dann laut ihren Traum:

Virginia Woolf steht in einer Glastür. Ihre Arme und Beine sind nur Stümpfe, als ob sie Lepra hätte. In ihrem rechten

Armstumpf hält sie einen Tropf, wie man ihn aus dem Kran-
kenhaus kennt. Plötzlich sind Presslufthammergeräusche in
meinem Schlafzimmer zu hören, und ich kann nicht aufhören,
das zu träumen, bis ein riesiger Schwan auftaucht. Dann werde
ich wach.

„Haben Sie denn etwas von der Lady gelesen?"

„Alles. Müsste ich aber gar nicht. Ich bin nämlich Virginia Woolf."

„Sie sind wer?"

„Ihre Reinkarnation."

Dr. Schleier stieß Rauch aus. „Aha."

„Ich bin nämlich auch Schriftstellerin, aber beim Schreiben... Ich habe eine Blockade, eine Schreibblockade, wenn Sie wissen, was das ist. Deswegen bin ich ja hier."

„Interessant."

„Ich habe eine Reinkarnationstherapie gemacht. Die Rückführung hat es bewiesen."

Frau Dr. Schleier schien jetzt das Thema wechseln zu wollen:

„Wissen Sie, in der Psychoanalyse ist ein Krankheitstraum das Symbol für mangelndes Selbstvertrauen und Schuldgefühle. Es weist auf einen Mangel im Seelenleben hin. Der Kranke im Traum ist immer der Träumer selbst. Vielleicht..." Dr. Schleier sog an der Zigarette. „Vielleicht haben Sie ihr seelisches Gleichgewicht verloren, oder Sie haben im Gefühlsbereich mit Problemen zu kämpfen. Ist Ihnen da etwas bewusst?"

Inka biss sich auf die Lippen.

„Ja, vor kurzem... Die Sache ist mir sehr peinlich."

„Raus damit! Dafür bin ich doch hier."

„Der Therapeut, bei dem ich war, Julian. Wir waren zusammen, und jetzt bin ich schwanger."

Dr. Schleier nahm die Brille ab, hauchte auf die Gläser und putzte sie mit einem Papiertaschentuch. Jetzt waren ihre Augen ganz klein.

„Was sagt er denn dazu?"

„Nichts. Abgehauen, das Schwein."

„Was haben Sie denn für diese... Therapie bezahlt?"

„Dreitausend Euro. Dann hat er sich noch einen Tausender von mir geborgt. Also Vier. Viertausend Euro."

Dr. Schleier stützte die Ellbogen auf den Schreibtisch und blickte sie an wie eine Eule. Die Brille saß wieder auf ihrer Nase.

„Ich kann mir denken, wie das auf Sie gewirkt haben muss. Sie sehen nicht danach aus, als ob Sie Geld im Überfluss hätten."

„Das hat mir mein Onkel geschenkt." Inka zeigte auf das Porschemagazin auf dem Schreibtisch."

„Gehört der Porsche Ihnen?"

„Ja."

„Kann man denn mit Psychoanalysen so viel Geld verdienen?"

„Jetzt mal weiter zu Ihnen. Was ist das Problem. Die Schreibblockade oder das Kind?"

„Die Schreibblockade. Das Kind ist ja noch nicht auf der Welt."

Dr. Schleier lachte kurz auf. „Sie haben ja die Schwangerschaft recht gut im Griff. Nun zur Blockade. Denken Sie nach. Überlegen Sie, was könnte Sie blockieren. Schreiben Sie auf, was Ihnen dazu einfällt."

Inka nickte.

„Und die Träume, schreiben Sie die Träume auch auf. Legen Sie einen Notizblock neben das Bett. Wenn Sie aufwachen, halten Sie die Augen eine Weile geschlossen. Das hilft beim Erinnern. Die Beratungskosten begleichen Sie bei meiner Sekretärin. Sie stellt Ihnen auch einen Termin- und Kostenplan auf. Und in Zukunft dann die Bezahlung im Voraus."

Inka stemmte sich aus dem Sessel. Ihre Füße waren eingeschlafen. Sie kam sich vor wie auf Stelzen.

„Noch etwas, junge Frau. Freuen Sie sich auf das Kind, und schlagen Sie sich den Unsinn mit der Reinkarnation aus dem Kopf. Wissen Sie, wer Feuerbach war? Ludwig Feuerbach war Philosoph. Von ihm stammt der Satz: Der Mensch ist, was er isst. Und was die Verdauung hervorbringt, wissen wir ja. Das ist in Indien nicht anders. Denken Sie mal drüber nach."

Als Inka aus dem Haus trat, sah sie wieder den toten Vogel. Sie stieg über ihn weg und ging rasch zu ihrem verbeulten Auto. Sie beschloss, Dr. Schleier „Schleiereule" zu nennen.

Zuhause angekommen, setzte sie sich sofort mit ihrem Schreibzeug an den großen Schreibtisch. Sie hielt den Blick konzentriert auf das weiße Blatt Papier geheftet und wollte gerade zum Schreiben ansetzen, als vor dem Fenster schemenhaft eine Gestalt auftauchte. Sie stutzte, doch sie hatte sich nicht getäuscht. Da lief tatsächlich ein Mann durch ihren Garten. Er hielt die Kapuze seines Anoraks mit beiden Händen über den Kopf gezogen und stapfte über den Rasen, die Schultern nach vorne gebeugt. Inka erstarrte. Was wollte dieser Typ in ihrem Garten?

Schnell duckte sie sich hinter den Tisch, damit er sie nicht sehen konnte. Ihr Hirn arbeitete auf Hochtouren. Wer konnte das sein?

Der Gärtner hätte auf jeden Fall geklingelt, bevor er den Garten betrat. Freunde hatte sie keine. Und Rolande würde sich anmelden, falls er überhaupt auf die Idee käme, sie zu besuchen. Langsam kam sie wieder nach oben. Der Mann war nicht mehr zu sehen. Er hatte offenbar gar nicht ins Haus gewollt und war einfach nur durch ihren Garten gelaufen.

Inka bemerkte erst jetzt, dass ihr Herz raste. Der Mann hatte ihr einen Schrecken versetzt. Und wieder war sie beim Schreiben gestört worden. Auf diese Weise würde sie nie etwas zustande bringen. Verärgert schaltete sie den Fernseher ein und zuckte zusammen. In den Nachrichten zeigten sie das Bild ihres Besuchers. Zumindest glaubte Inka, den Mann aus ihrem Garten auf dem Fahndungsfoto zu erkennen. Jemand hatte gefilmt, wie ein Mann mit Kapuze auf dem Schlossplatz eine Bombe in einem Mülleimer deponiert hatte. In der Stadt herrschte Ausnahmezustand. Inka presste die Lippen zusammen und stieß Luft aus der Nase. Es klang wie Pferdeschnauben. Was, wenn ihr Besucher der Terrorist war? Sollte Sie die Polizei rufen? Sie erinnerte sich, dass sie schon einmal leere Müllsäcke für einen Hund gehalten hatte. Was, wenn sie sich erneut irrte?

Je länger sie darüber nachdachte, desto unsicherer wurde sie. Was hatte sie tatsächlich gesehen? Diese ständigen Berichte über den Terror konnten einen ganz verrückt machen. Vielleicht sollte sie sich einmal mit Selbstverteidigung beschäftigen? So verunsichert wie eben wollte sie sich nicht so schnell wieder fühlen. Die Google-Suche ergab zwei gebrauchte Bücher bei Amazon. „ATK. Anti-Terror-Kampf. Wirksame Techniken zur Selbstverteidigung". Inka klickte auf den *Kaufen*-Button. Dann öffnete sie eine Flasche Wein und trank sich in den Schlaf.

Am nächsten Morgen erwachte sie mit einem bitteren Geschmack im Mund. Sie googelte im Internet und las, dass die Schleimhäute während der Schwangerschaft weicher und verletzlicher sind als sonst. Der bittere Geschmack konnte durch winzige Risse in der Mundschleimhaut entstehen. Inka tastete mit der Zunge ihren Gaumen ab. Sollte sie zum Arzt gehen und das abklären lassen? Doch zuerst musste sie den Traum für die Schleiereule niederschreiben.

Im Traum war sie in einer Wohnung gewesen, in der sich sowohl ihr eigenes Zimmer als auch das Zimmer von Rolande befanden. In der Nähe des Fensters hatte ein Bild gehangen, das sich bei näherem Hinsehen als eine Art Vitrine entpuppte. Hinter der Glasplatte befand sich ein mumifizierter Fischkopf. Der Fisch hatte Inka angesehen, als ob er lebendig gewesen wäre. Hinter dem Glas war plötzlich Fischgestank hervorgekommen, sie hatte das Fenster geöffnet und das Zimmer fluchtartig verlassen. Beim Hinausgehen hatte sie bemerkt, dass ihr Bruder jede Menge Poster von Äffchen an den Wänden hängen hatte. Eines hatte ausgesehen wie Madame la Souris. Dann war sie mit dem bitteren Geschmack im Mund aufgewacht.

Inka dachte über ihren Traum nach. Ihre Gedanken kreisten um den Fisch, und sie schrieb alles auf, was ihr dazu einfiel. Dann packte sie ihre Tasche und machte sich auf den Weg zur Schleiereule.

21 DIE WELT DER FISCHE

Als Inka diesmal das Zimmer betrat, war Dr. Schleier vor lauter Rauch kaum zu sehen. Inka ging zum Schreibtisch, reichte die Hand durch eine Nebelschwade hindurch und sackte in den Sessel.

„Wie ist es Ihnen ergangen? Haben Sie Ihre Träume notiert?" Die Stimme der Frau schien tiefer und rauer geworden zu sein.

„Ich habe von einem Fisch geträumt, und ich habe dazu etwas geschrieben. Möchten Sie es hören?"

Die Schleiereule nahm einen so tiefen Zug aus ihrer Zigarette, dass die Spitze aufglühte, und rieb sich die Nasenwurzel. Dabei schob sich ihre Brille so weit nach oben, dass sie unter den Gläsern hervor sah.

„Das Traumsymbol des Fisches ist ein Sinnbild für das Selbst. Genauer gesagt, für das Unbewusste."

„Was bedeutet das?"

„Wenn man von einem Fisch träumt, dann kann das bedeuten, dass er Zugang zum Unbewussten findet. Wie ein Fisch aus großer Tiefe auftauchen kann, so können die Dinge aus dem Unbewussten ins Bewusstsein gelangen. War der Fisch tot oder lebendig?"

Inka dachte nach. Sie hatte von einem Fischkopf geträumt, der hinter einer Glasplatte vor sich hinmoderte. Doch im Traum war er plötzlich lebendig geworden und hatte sie angesehen.

„Schwer zu sagen. Er war mumifiziert, also tot. Aber er hat die Augen bewegt. Ich würde sagen, er war untot. Ein Zombie, wenn Sie so wollen."

Dr. Schleier schien leicht irritiert. So ein Traumsymbol ist ihr bestimmt noch nie untergekommen, dachte Inka.

„Haben Sie sich Gedanken über Ihren Traum gemacht?"

Inka griff in ihre Tasche und kramte den Block heraus, auf dem sie ihren Traum notiert hatte. Dann lehnte sie sich zurück, holte tief Luft und las vor.

Fische senden viele kleine Luftblasen an die Wasserober-fläche. Kleine Luftblasen, die Sprache der Fische. Meine Sprache. Kein Gedanke schafft es aufs Papier. Die Welt der Fische ist dunkel. Sie bewegen sich in der Horizontale. Wenn wir schlafen gehen, bewegen wir uns auch in die Horizontale. Wir legen unseren Körper hin, wir sind in Fischlage. Auch unsere Welt ist dann dunkel und stumm. Unter Wasser erscheint die Welt größer. Wir schauen durch ein Mikroskop. Kleine Fische neh-men große Ausmaße an. Wir sind im Urlaub an der Riviera. Wir sind circa acht Jahre alt. Wir sehen thunfischartige Fische unter Wasser. Wir machen Mutproben mit den Jungs und springen von fünf Meter hohen Brücken ins Meer. Wir müssen uns überwinden, aber wir schaffen es. Wir beweisen uns als einziges Mädchen, immer unter vielen Jungs.

Inka legte den Block auf die Knie und sah Dr. Schleier her-ausfordernd an. Sie hatte sich Notizen gemacht und sah sie mit großen Brillenglasaugen an. Wie ein Fisch, dachte Inka jetzt.

„Sie haben das da…" – die Schleiereule deutete mit auf das Papier – „in der 1. Person Plural geschrieben. Können Sie mir sagen, wieso?"

„Weil ich das gar nicht geschrieben habe. Sie hat es ge-schrieben. Also ich. Als ich sie war. Ich meine, wir haben das zusammen geschrieben."

„Sie und Virginia Woolf…?"

„Ja." Inka dachte an die thunfischartigen Fische und die Jungs. „Als Kinder konnten wir ins Wasser pinkeln, ohne dass es einer merkte. So schön."

Dr. Schleier antwortete nicht. Sie schrieb etwas in ihr No-tizbuch. Inka neigte den Kopf, um es zu lesen. *Verkehrt herum. Die Welt steht auf dem Kopf. Ich muss nur den Kopf drehen. Dann stimmt es wieder. Julian hat mir den Kopf verdreht."*

Als Dr. Schleier Inkas Verrenkung bemerkte, klappte sie das Notizbuch zu. Sie sprachen noch eine Weile über Maman und Rolande. Doch Inka musste die ganze Zeit an Julian denken.

Damals hatte er ihr erzählt, dass er sein ganzes Geld in die Kryonik investierte. Er träumte davon, sein Gehirn eines Tages in flüssigem Stickstoff zu konservieren. Wenn die Wissenschaft so weit sei, würde man es wieder auftauen. Er würde dann zwar einen anderen Körper haben, doch er würde als Julian weiterleben. Weil das Ich nämlich im Gehirn lokalisiert sei. Und zwar als mentaler Prozess. Das hatte er damals gesagt...

Beim Abschied bemerkte Dr. Schleier, dass Inka einen schönen Mantel anhabe. Doch Inka hörte kaum zu. Sie würde nicht wiederkommen, soviel stand fest. Sie musste Julian finden. Dabei konnte ihr die Schleiereule nicht helfen.

Auf dem Kiesweg vor der Villa atmete sie erst einmal tief durch. Sie hob den Kopf und schaute nach oben. Im blauen Himmel kreiste ein Vogel. Diesmal fiel er nicht herunter.

Zuhause angekommen, postete sie auf Facebook:

Der Analytiker ist anal. Er rührt in der Scheiße. Wir sind keine Analytiker. Wir sind Dialektiker. Wir brauchen keine blinde Eule.

22 ERLKÖNIG

Es begann damit, dass Inka Dinge hörte, die sie vorher nie gehört hatte. Der Wecker auf ihrem Nachttisch tickte plötzlich so laut, dass sie die Batterie herausnehmen musste, um schlafen zu können. In der Nacht weckte sie das Schlagen der Kirchturmuhr zu jeder Stunde. Tagsüber drang das Zwitschern der Vögel so laut aus dem Garten zu ihr, als hätte das Haus keine Wände. Es war, als hätte jemand den Lautstärkeregler in ihrem Kopf bis zum Anschlag aufgedreht. Die ganze Welt schien sich ihr mitteilen zu wollen. Auf Facebook postete sie:

Die grässlichen Nachbarn scharren auf dem Balkon mit den Füßen. Kann die bitte jemand abstellen?

Sie googelte „Geräuschempfindlichkeit" und landete bei allen möglichen Diagnosen. „Ohne Anlass sind Manisch-Depressive überschwänglich heiter oder auch gereizt." Das stimmte. Sie war gereizt. Deshalb war sie auch so geräuschempfindlich. War das etwa der Beginn jener Krankheit, an der Maman und Virginia gelitten hatten? Inka schien es nur folgerichtig, dass sie, da sie eins mit Virginia war, auch deren Krankheit bekommen würde. Am Morgen erbrach sie nun häufig, wahrscheinlich der Schwangerschaft wegen. Ängstlich belauschte sie sich dann den Rest des Tages, ob sich ihr Zustand nicht noch verschlechtern würde. Tagsüber wusste sie immer öfter nichts mit sich anzufangen. Die Lustlosigkeit hing wie eine unzerreißbare Haube über ihr. Sie begann fernzusehen. Einer der Nachrichtensprecher sah aus wie Julian. Wenn er auf dem Bildschirm erschien, war es als würde er nur für sie sprechen.

An einem Freitag, als der Herbst das erste Laub durch die Straßen trieb, holte Inka alle Bücher von Virginia Woolf aus den Regalen und trug sie hinaus auf die Straße. Dort, auf dem Gehweg vor ihrer Villa, schichtete sie sie zu kleinen Stapeln auf.

Dann ging sie zurück ins Haus und stellte sich hinter das Fenster. Ihr Herz raste. Sie hatte das Gefühl, soeben ihr Innerstes auf die Straße getragen zu haben. Unruhig lief sie durch die Wohnung. Tiberius und Nero waren in den Winterschlaf gefallen und mussten nicht mehr gefüttert werden. Die einzige Pflanze im Haus hatte sie bereits mehrmals gegossen. Es gab jetzt nichts mehr zu tun.

Sie schaltete den Fernseher an. Julian sprach: „Bei einem Ausbruch des Vulkans Stromboli vor der sizilianischen Küste haben sich heftige Explosionen ereignet. Ein Mensch starb. Mit Hubschraubern und von Booten aus bekämpft die Feuerwehr die entstandenen Brände."

Eine Gottesanbeterin hing am Kühlschrank. Sein Summen holte Inka in die Gegenwart zurück. Sie war in die Küche gekommen, um ein Glas Wasser zu holen. Seit gestern Mittag hatte sie nichts mehr gegessen. Sie verspürte auch gar keinen Hunger. Nur brennenden Durst. Im Spülbecken hatte ein riesiger Tausendfüßler gelegen. Plötzlich war ihr schwarz vor Augen geworden. Als sie wieder zu sich kam, floss heißes Wasser aus dem Hahn. Sie schaute dem Insekt nach, wie es strudelnd im Ausguss verschwand. Im Badezimmer betrachtete sie sich im Spiegel. Ihre Augen hatten dunkle Ringe. *Es ist wie bei Virginia* dachte sie. Ohne Wasser putzte sie sich die Zähne und ging ins Bett.

Im Morgengrauen wurde sie von einem scharrenden Geräusch geweckt, das von der Straße kam. Sie zog sich den Bademantel über und tastete sich nach draußen. Im Dämmmerlicht leuchteten ihre Bücher wie Elfenbeintürme. An einem nagte eine Ratte. Inka machte sich nicht die Mühe, das Tier zu verjagen. Hinter ihrer Stirn hämmerten tausende Schlagbohrer. Ihr Mund war staubtrocken. Sie verspürte brennenden Durst ging in die Küche. Im Spülbecken lag wieder ein Tausendfüßler. Er war größer als der erste. Wenn es der von gestern war, dann war er verdammt schnell gewachsen. Wahrscheinlich war es ein anderer. Sie hatte nie zuvor solche Biester in der Villa gesehen. Inka drehte den Wasserhahn auf und sah zu, wie das Insekt im Ausguss verschwand. Dann füllte sie ein Glas mit kaltem Wasser und trank es in einem Zug.

Gegen Morgen drangen Motorengeräusche ins Zimmer. Der Müllwagen parkte direkt vor dem Haus. Zwei Männer in organgefarbenen Overalls sprangen aus dem Fahrerhaus und machten sich dran, die Bücher in den Schlund des Wagens zu werfen. Inka stand hinter dem Fenster und sah, wie eine ältere Dame, die jetzt dazugekommen war, mit den Männern diskutierte. Sie trug einen seltsamen Hut und sah aus, als wäre sie gerade dem viktorianischen Zeitalter entsprungen. Sie gestikulierte mit ihrem Stock und versuchte offenbar, die Männer von der Arbeit abzuhalten. Jetzt entriss sie sogar einem der beiden ein Buch. Konnte das sein? Inka kniff die Augen zusammen. Plötzlich schien sie zu verstehen, was da vor sich ging. Barfuß, nur mit dem Bademantel bekleidet, rannte sie nach draußen. Mit vor Aufregung zitternder Stimme sprach sie die Dame an: „Sie sind es, oder? Sie sind Virginia Woolf!"

Die Dame sah Inka verwundert an. Dann spielte ein Lächeln um ihre Mundwinkel. Sie reichte Inka das Buch, das sie einem der Männer gerade entrissen hatte. Inka nahm es an sich, drückte der Dame die Hand und rannte die Straße hinunter. Plötzlich verspürte sie ein nie gekanntes Gefühl der Freiheit. Die Arme ausgebreitet tanzte sie über die Straße, bis ihr ein Auto entgegenkam und laut hupte. Inka musste plötzlich an den Erlkönig denken. Dem Fahrer, der das Fenster heruntergelassen hatte, um sie zu beschimpfen, sang sie einfach ins Gesicht:

„Wer reitet so spät durch Nacht und Wind.. Es ist der Vater mit seinem Kind.. Er hat den Knaben wohl in dem Arm…"

„Sie sind ja verrückt! Lassen Sie mich gefälligst weiterfahren!"

„Ja, ich bin verrückt, verrückt, verrückt!" Inka tanzte weiter, bis sie außer Atem war. Ziellos irrte sie umher. Vorbei an Geschäften, die gerade aufsperrten. Vorbei an hupenden Autos, vorbei am Zeitungsverkäufer, der sich an die Stirn tippte.

Mittlerweile war es hell geworden. Plötzlich überfiel sie die nackte Angst. Was, wenn der CIA sie vom All aus beobachtete? Man würde sofort eine Diagnose stellen. Und man würde ihr das Kind wegnehmen. Würde es ihr aus dem Bauch herausschneiden, nur um zu sehen, was für eine Krankheit in ihr wütete.

In panischer Angst rannte Inka jetzt durch die Straßen. Ein Gedanke jagte den anderen. Mal war es Virginia, die zu ihr sprach. Mal war es ihre Mutter. In ihrem Kopf schien eine riesige Party stattzufinden. Alle sprachen durcheinander. Inka fragte sich gerade, wieviel Watt der Lautsprecher in ihrem Kopf wohl haben würde, als vor ihr ein großes Gebäude auftauchte. „Furchtbarklinik", las Inka. Sie ging darauf zu und passierte die rot-weiße Schranke, hinter der sich ein ganzer Gebäudekomplex befand. Erleichtert stellte sie fest, dass sie sich verlesen hatte. „Furtbachklinik für Psychiatrie und Psychotherapie stand über der Glastür, die sich jetzt wie von Geisterhand für sie öffnete und lautlos hinter ihr schloss.

23 NO MILK TODAY

Inka stand vor der Glastür mit der Aufschrift „Rezeption"
und überlegte, was sie hier wollte. Es war ihr entfallen, also
machte sie kehrt und ging zurück in ihr Zimmer. Dort legte sie
sich aufs Bett und starrte mit aufgerissenen Augen in das helle
Licht der Deckenlampe.

Plötzlich fiel es ihr wieder ein. Sie hatte um Stift und Zettel
bitten wollen... Hastig sprang sie auf, verließ ihr Zimmer und
ging zur Rezeption, wo sie sich einen Schreibblock und einen
Kugelschreiber besorgte. Dann ging sie zurück in ihr Zimmer,
legte sich aufs Bett, schloss die Augen und atmete tief ein und aus,
wie sie es bei Julian gelernt hatte. Auf Sechs ein, Luft anhalten, auf
Sieben aus. Wichtig war, dass die Ausatmung länger dauerte als
die Einatmung. Langsam entspannten sich ihre Muskeln.
Einatmen... zwei...drei...vier...fünf... sechs... Anhalten. Aus...
zwei... drei... vier... fünf... sechs... sieben.

Die Erinnerungen kamen langsam, zuerst bruchstückhaft,
dann flossen sie durch sie hindurch und stellten sich schneller
ein, als sie schreiben konnte. Manchmal musste sie den zeit-
lichen Ablauf der Ereignisse rekonstruieren. Die Dinge waren
durcheinander geraten, doch sie schrieben sich wie von selbst
heraus. Sie musste nichts tun, nichts in Worte fassen oder in
Sprache kleiden. Sie musste nur den schmalen Gang zu ihrem
Inneren freihalten und der Stimme lauschen, die nun nicht
mehr in ihrem Kopf war, sondern aus der Mitte ihres Körpers
zu kommen schien. Sie hatte ein sanftes Timbre, wenn sie von
der kleinen Inka erzählte, die sich an Madame la Souris ku-
schelte. Und sie schwoll an und hämmerte gegen ihren
Brustkorb, wenn sie Rolande widersprach...

Inka ließ den Block sinken und atmete tief durch. Wie lange
hatte sie jetzt geschrieben? Sie hatte kein Gespür mehr dafür.
Als wäre sie herausgefallen aus der Zeit.

Irgendwann ging die Tür auf, und ein Hauch von einem Mädchen trat ein, dessen Haut beim Gehen wie Seidenpapier knisterte. Die kleine Fee reckte sich unter das zweite Bett im Raum, zog eine Digitalwaage hervor, stellte sich darauf, und juchzte laut: „Jipphiie, wieder hundert Gramm weniger!" Dann war sie auch schon wieder verschwunden. Inka war noch zu benommen, um überrascht zu sein. Sie hatte also eine Zimmernachbarin. Nun, das konnte lustig werden. Vielleicht würde ihr die Fee erzählen, woran sie sich selbst nicht mehr erinnern konnte? Die letzten beiden Tage, oder waren es drei, lagen hinter einer Nebelwand, an die sie mit ihrer Erinnerung nicht herankam. Sie glaubte, sich daran zu erinnern, dass Julian an ihrem Bett gesessen hatte. Er hatte etwas von Psychiatrie gesagt, und von Rolande gesprochen. Und dann erinnerte sie sich, wie sie den Inhalt ihrer Tasche ausgeleert und abgegeben hatte, als sie hier ankam… Sie hatte sich selbst in die Psychiatrie eingeliefert.

Sie ging auf den Flur hinaus, an der Rezeption vorbei. Merkwürdig, dass niemand sie beachtete. Links…Rechts.. Links … Rechts… So, schon war sie vorbei. *Niemand hat mich bemerkt. Ich kann überall hin. Jetzt rechts den Gang hinunter. Hier ist alles so clean.*

„No Milk today". Aus einem Zimmer klang Musik. Inka ging weiter in die Richtung, aus der die Musik kam. Ihr Magen meldete sich mit einem Knurren, als ob er erst jetzt zu ihr gehören würde. Sie lief weiter, immer weiter den Gang entlang. „No Milk today…" Mit einem Ruck öffnete sie die Tür. Der Geruch von Rauch schlug ihr entgegen. Auf den Stühlen und am Boden verteilt saßen Männer und Frauen unterschiedlichen Alters, die alle rauchten. Der ehemals helle Teppich sah aus, als ob er noch nie gereinigt worden wäre. Inka bemerkte sofort die seltsamen Zeichnungen an den Wänden. Zeichnungen, wie sie ein Kind anfertigen würde. Bilder, die Menschen darstellen sollten, aber nur vage an Menschen erinnerten. Alle hatten einen viel zu großen Kopf, während der Körper nur dünn gestrichelt war. Die Gesichter waren zu Fratzen verzogen. Das war also das Raucherzimmer, in dem man sich kreativ verwirklichen kann, dachte Inka. Die Fenster waren vergittert.

In einer Ecke saß, die Beine angewinkelt, den Kopf auf den Knien und die Hände schützend über den Kopf gelegt, ein junger Mann. Wie sich später herausstellte, stammte der junge Mann aus Syrien und hieß Kemal. Eine Rakete hatte sein Haus in Bagdad getroffen, als er mit seinem Sohn auf dem Balkon stand. Eine Betonplatte hatte seinen Sohn erschlagen und Kemal am Kopf verletzt. Eine rötliche Narbe zog sich vom Scheitel zum Ohr. Doch wenn man ihn danach fragte, schlug er sich mit der Faust auf die Brust, dorthin, wo sein Herz war, und machte dann mit der Hand das Zeichen für kaputt.

Inka griff in die Tasche ihrer Jogginghose und kramte eine zerknautschte Packung Zigaretten hervor. Sie zündete sich eine an und setzte sich auf einen alten Bürostuhl, der mit kratzigem Stoff überzogen war. Während sie genüsslich den Rauch in die Luft blies, setzte sich eine Frau mittleren Alters zu ihr an den Tisch, auf dem der Aschenbecher bereits überquoll.

„Hast du eine für mich?" fragte die Frau.

Inka gab ihr eine Zigarette. Sie wusste noch nicht, dass hier ständig Zigaretten geschnorrt wurden. Später würde sie keine mehr herausrücken.

„Neu hier?" fragte die Frau. „Ich heiße Angela Merkel."

Inka wunderte sich, denn die Frau sah Angela Merkel überhaupt nicht ähnlich. Vielleicht trug sie zufällig den gleichen Namen wie die Kanzlerin?

„Ja, ich bin neu hier. Virginia Woolf." Sie streckte ihr die Hand hin, die die Frau zaghaft drückte.

„Aha, sagt mir nix. Bist du bekannt?"

„Ja, Schriftstellerin. Und du? Politikerin?"

„Ja, Politik, aber es geht langsam den Bach runter."

„Aha!"

Irgendwie sah die Frau seltsam aus. Ihre Zähne waren faul, und wenn man genauer hinsah, konnte man erkennen, dass sie eine Perücke trug. Außerdem steckten ihre Beine in löchrigen Jogginghosen. Dass sich so jemand für Angela Merkel hielt, war äußerst komisch, und Inka musste plötzlich lachen.

„Hey, da gibt es nix zu lachen. Ich bin die Merkel, genauso wie du die Virginia Woolf bist. Verpiss dich von meinem Tisch!"

Inka dachte nach. Wenn Sie es hier aushalten wollte, wäre es vielleicht nicht so klug, einen Streit vom Zaun zu brechen.

„Schon gut, ich glaube dir. Also ihm, der da im Eck sitzt und heult, dem könntest du doch dann helfen, oder? Hast doch schon vielen Flüchtlingen geholfen!"

Die Frau wollte etwas entgegnen, ließ es dann aber und ging hinüber zu dem Syrer.

Als Inka das Zimmer verließ, hatte sie das Gefühl, dass sich ihr mindestens zehn Augenpaare in den Rücken bohrten. Sie zog die Tür hinter sich zu. Nick Cave sang jetzt von drinnen „God is in the House".

Inka hatte gerade die Rezeption passiert, da wurde sie von einem jungen Pfleger aufgehalten. Er hatte kurze, blonde Haare und ein rundes, freundliches Gesicht. Inka dachte, dass er wie der Mann im Mond aussah, den sie als Kind immer gemalt hatte.

„Kommen Sie doch kurz rein, Frau Ziemer. Ihre Blutabnahme ist fällig."

Zögerlich betrat sie das Zimmer, das durch einen Vorhang geteilt war, hinter dem sich eine Liege befand.

„Bitte, setzen Sie sich!" Er deutete auf den Stuhl neben sich. „Ich piekse sie jetzt kurz mit der Nadel. Dann Blutdruck messen. Dann noch ein paar Fragen. Okay?"

Er schaute Inka aufmunternd an. Dass sie ihm nicht antwortete, schien ihn fast ein wenig traurig zu machen. Als er die Nadel an die Vene setzte, drehte Inka den Kopf weg und schaute zu dem vergitterten Fenster hinaus. *Bloß nicht hinsehen.* Der Mann im Mond zog die Nadel heraus, drückte ihr einen Tupfer auf die Einstichstelle und klebte ein Pflaster darüber, wobei er ein paar Mal über ihren Arm strich, wie um sie zu beruhigen.

„Das wars?"

„Nur noch der Blutdruck."

Inka wurde schwindelig, als sich die Manschette an ihrem Arm zu einem Monster aufblies, das ihr das Blut abschnürte.

„Sie sind so weiß im Gesicht. Alles in Ordnung?"

„Ja ja..." Inka presste die Luft durch Lippen. *Pffff*... Das aufgeblasene Monster fiel in sich zusammen.

„So, das wäre erledigt. Nur noch eine Frage. Wie ist Ihr Stuhl?"

Inka ruckelte auf ihrem Hocker hin und her. „Könnte bequemer sein, aber danke der Nachfrage."

Der Mann im Mond lachte jetzt, dass ihm die Tränen kamen. „Oh, nein, ich meine doch nicht den Stuhl, auf dem Sie sitzen."

„Ein Stuhl ist ein Stuhl ist ein Stuhl und ein Stuhl." sagte Inka und bemühte sich, ernst zu bleiben.

„Gertrude Stein?" Er wischte sich mit dem Ärmel seines Kittels die Feuchtigkeit aus den Augen und versuchte sich zu beruhigen.

„Ja. Die korrigierte Fassung." sagte Inka, und musste sich bemühen, ernst zu bleiben. Was sollte man auch antworten, wenn einen der Mann im Mond fragte, wie man kackte?

„Könnte ich bitte einen Stift und ein paar Zettel haben?"

Der Pfleger öffnete die Schublade in seinem Schreibtisch und nahm einen Fineliner heraus, dann zog er einen Stapel Papier aus dem Drucker und reichte ihr beides mit verschwörerischer Miene: „Was auch immer Sie damit vorhaben, Frau Ziemer, ich bin sicher, es wird etwas Lustiges dabei herauskommen."

„Mein Name ist Woolf." sagte Inka. Dann drehte sie sich um und tänzelte fröhlich auf den Flur hinaus.

In ihrem Zimmer angekommen überflog sie das heutige Mittagsmenü. Im selben Augenblick gongte es zum Essen. Im Speisesaal kam Inka neben der kleinen Fee zum Sitzen. Gerade wollte sie ihre Zimmergenossin nach deren Namen fragen, da wurde sie selbst laut ausgerufen:

„Inka Ziemer, Ihr Essen!"

Inka stand empört auf und rief so laut, dass es alle hören konnten:

„Ich heiße Virginia Woolf!" Gelächter erfüllt den Saal.

„Na gut, Frau Ziemer, dann halt Virginia Woolf!"

Inka holte sich ihren Teller an der Essensausgabe, den ihr die rundliche Küchenhilfe mit einem um Verständnis bittenden Lächeln hinschob, als ob der falsche Name ihr Fehler gewesen wäre. Es gab Königsberger Klopse mit Kartoffeln, die in einer wässrigen Soße schwammen. Die kleine Fee stocherte lustlos in ihrem Essen herum, ohne einen Bissen zu sich zu nehmen. Inka dagegen hatte Riesenhunger und aß alles auf, obwohl es nach nichts schmeckte. Vergeblich hielt sie Ausschau nach Pfeffer und Salz. So etwas schien es hier nicht zu geben.

Als sie ihren Teller leergegessen hatte, fragte Inka die kleine Fee:

„Und, willst du nichts essen?"

„Ich habe vorhin schon eine Tafel Schokolade gegessen. Keinen Hunger."

Das klang nicht besonders überzeugend, dachte Inka. Aber die kleine Fee bemühte sich auch gar nicht, glaubhaft zu wirken.

„Du wirst sterben, wenn du nichts isst. Weißt du das?"

Die kleine Fee stocherte in ihren Klöpsen herum und stierte auf den Teller. Inka dachte darüber nach, wie lange es ein Mensch ohne Essen aushalten kann. In Gedanken sah sie die kleine Fee immer dünner werden und zu Staub zerfallen.

„Weißt du was passieren wird, wenn du nichts mehr isst?" Die kleine Fee nahm noch immer keine Notiz von Inka.

„Okay, ich werde dir sagen, was passieren wird." Inka machte mit der Hand eine theatralische Geste durch die Luft, als würde sie etwas von einer imaginären Leinwand ablesen. Dann trug sie der kleinen Fee das Gedicht vor, das ihr gerade eben in den Sinn gekommen war:

das frühjahr erlebst du nicht
deine knochen brechen
dünn wie papier
über die beuge
der getaute schnee legt dich frei
vögelchen
deine knochen knistern

wie asche
wenn ich dich zusammenkehre.

„Lass mich in Ruh, du nervst." Damit stand die kleine Fee
auf und verließ den Speisesaal.

Inka aber schrieb das Gedicht in ihrem Zimmer noch einmal
nieder und heftete es an die Pinnwand. So würde die kleine Fee
gezwungen sein, es zu lesen.

In der Nacht wachte Inka von einem Geräusch auf. Die Fee
war gerade dabei, das Waschbecken vollzukotzen.

„Du nervst! Hör sofort auf damit!"

„Ich kann so viel kotzen wie ich will! Du bist diejenige, die
hier nervt!" Damit erhob sich die Fee vom Waschbecken,
hängte den Zettel mit dem Gedicht ab, zerriss ihn und warf ihn
in den Papierkorb.

Als Inka am Morgen langsam zu sich kam, saß die kleine Fee
bereits munter auf der Bettkante und kleisterte sich das Gesicht mit Make-up zu. „Glotz nicht so blöd! Heute ist Visite. Du
könntest dich auch mal schön machen. Außerdem bist du viel
zu dick. Voll peinlich!"

„Ich bin nicht dick, ich bin schwanger. Inka strich sich mit
der Hand über ihren Bauch.

„Pah, wer braucht schon ein Kind."

„Also, ich freue mich auf die kleine Virginia!"

Die Fee lachte. „Ja, du bist ja auch so dumm zu glauben, du
seist Virginia Woolf. Das ist schon ziemlich lächerlich!"

„Nein, dumm ist das gar nicht. Ich bin ein Genie!"

„Also, dein blödes Gedicht da, das war ja echt Panne. Du
kannst null schreiben! Du bist einfach nur dumm!"

„Danke für die Blumen. Ich werde mich bei der Visite über
dich beschweren."

Die kleine Fee wurde nervös. Inka schien einen Nerv getroffen zu haben. Vielleicht war sie in einen der Ärzte verliebt?

Die Fee stand auf und verließ fluchtartig das Zimmer.

Nach dem Frühstück mussten die Patienten wegen der Visite in den Zimmern bleiben. Inka las gerade in Virginias Bio-
grafie „Der Augenblick", als die Tür aufging und ein Team von
Ärzten eintrat. Sie klappte das Buch zu und sah erwartungsvoll

zur Tür. Da war er wieder. Dieser Mann, der wie Julian aussah und behauptete, Arzt zu sein. Blond, mit einem Zopf im Nacken und braungebrannt stand er vor ihr und lächelte sie an.

„Ah, da bist du ja! Ich dachte schon, du hast dich einfrieren lassen."

Der Arzt drehte sich zu seinen Kollegen und schaute sie an, als wollte er sagen: „Da sehen Sie es!" Dann wandte er sich wieder Inka zu. „Guten Morgen, Frau Ziemer. Wie geht es Ihnen heute? Ich sagte Ihnen ja neulich schon, ich bin Ihr behandelnder Arzt. Ich heiße Dr. Grießhaber."

Eine innere Stimme sagte Inka, dass sie hier gerade etwas durcheinander brachte. Sie hatte starke Medikamente bekommen, da konnte so etwas schon mal passieren. Sie musste die Dinge nur wieder in die richtige Ordnung bringen. In die Ordnung der Virginia Woolf. *„Ich verstehe. Leonhard. Und wie denkst du über die Sache?"*

„Wird schon wieder werden. Nehmen Sie Ihre Medikamente, dann sind Sie bald wieder in Ordnung. Die nehmen Sie doch? Nicht vergessen, Frau Woolf."

Damit wandte er sich der kleinen Fee zu, die mit einem Schmollmund auf ihrer Bettkante saß. „Wie geht es Ihnen, Frau Chevalier? Haben Sie heute schon etwas gegessen?"

Die Fee schien plötzlich in Schockstarre gefallen zu sein und brachte außer einem schwäbischen „Ähhh" kein Wort über die Lippen. Sie starrte ihn an, als würde sie von seinen Lippen ablesen.

„Wenn Sie weiter hungern, müssen wir Sie bald künstlich ernähren."

„Aber, ich wollte doch nur…" Flehend schaute sie den Oberarzt an und verbiss sich jedes weitere Wort.

„Sie mögen doch Schokolade. Ich verordne Ihnen eine Tafel Ritter Sport. Aber nicht verschenken, sonst bin ich beleidigt."

Dr. Grießhaber diktierte dem Assistenten „Ritter Sport" in die Akte. Dann verließen die Ärzte das Zimmer.

Die kleine Fee schaute Inka feindselig an. „Das ist mein Mann! Aber ich bringe in seinem Beisein kein Wort heraus. Mein Mund ist so trocken. Schau!" Sie streckte die Zunge heraus.

„Pahh! Leonhard ist gar kein Arzt". Inka zog ihren Finger-
ring ab und las die Gravur mit triumphierender Stimme vor: „In
Liebe. Leonhard 1997". Mit einer Schnelligkeit, die man der
kleinen Fee niemals zugetraut hätte, schoss diese plötzlich
nach vorn und entriss Inka den Ring. „Da ist nichts! Da steht
nichts!" jubelte sie und versuchte, den Ring aus dem Fenster zu
werfen. Der prallte gegen das Gitter, sprang zurück und landete
mitten im Zimmer. Inka sprang hin und hob ihn auf. Weg, für
immer weg wäre der Ring gewesen. Der Ring, das Einzige, was
sie noch von Leonhard hatte, bloß weil die Hungerfee zu blöd
war, die Gravur zu erkennen. Am liebsten hätte sie ihr in die
Rippen getreten. Inka verließ das Zimmer und schlug die Tür
hinter sich zu, dass es knallte, als hätte sie einen Schuss ab-
gefeuert. Die Ärzte standen mitten im Flur und drehten erschrocken die Köpfe. Inka stürzte auf Dr. Grießhaber zu und
bat ihn, den Ring, seinen Ring, aufzubewahren. „Wenn du es
gerne möchtest." duzte er sie. „Ich werde den Ring in den Safe
tun. Dort ist er sicher."

Triumphierend kehrte Inka ins Zimmer zurück. Ihr Ring war
in Sicherheit, und Leonhard hatte sie erkannt, sonst hätte er sie
ja nicht geduzt. Wo nur die Hungerfee war? Wahrscheinlich
durchs Gitter geschlüpft. Kein Wunder bei diesem Gerippe.
Hatte wohl Angst, dass sie ihr den Hühnerhals umdreht.

Inka zog die Schublade des Nachttischchens auf. Sie ent-
nahm Stift und Papier, schob Tisch und Stuhl an das Fenster
und schrieb:

*Ich nehme Virginas Kurzbiographe „Der Augenblick" in die
Hand und lese. Ich weiß, dass sie sich im Fluss ertränkte. Das
will ich nicht lesen. Ich will wissen, wie lange sie ausgehalten hat.
Ich rechne noch einmal nach, weil ich die Zahl, die ich errech-
nete, vergessen habe. 1941 – 1900 = 41, 1900 – 1882 = 18; 41 + 18 =
59 Jahre. Ich ziehe mein Lebensalter von ihrem ab und erhalte die
Zahl 28. Ich habe noch 28 Jahre zu leben. Ich muss es noch
28 Jahre lang aushalten. Die gemeinste Art von Kreativität ist
das Schreiben. Das Denken hat niemals Pause. Ein endloser
Vorgang. Dazu die Angst, das Gedachte zu verlieren. Es nicht
festhalten zu können in Sätzen. Die Worte kommen und gehen.*

Wir weinen. Wir weinen richtige Tränen, die auf die Seite des Buches fallen.

Britta Röder

DAS GEWICHT ALLER DINGE

kartoniertes Buch
ca. 250 Seiten
Preis vsl. 13,00 EUR
ISBN 978-3-957712-87-5
lieferbar

Ebook epub
ISBN 978-3-95771-288-2
Ebook PDF
ISBN 978-3-95771-307-0

Wer ist die junge Frau, die eines Morgens auf einer Parkbank aufwacht? Obwohl sie selbst keine Erinnerungen besitzt, löst sie bei jedem, dem sie begegnet, Erinnerungen aus. Ihre Spurensuche wird zum Sammeln fremder Lebensgeschichten. Oder sind diese anderen Geschichten vielleicht gar nicht fremd? Was verbindet sie mit dem trauernden Hochschullehrer Rolf? Was hat sie gemeinsam mit Charlotte, die mit ihr Erinnerungen aus der Zeit des Zweiten Weltkriegs teilt? Je tiefer sie in die Leben der anderen eintaucht, desto intensiver kommt sie dem Leben selbst auf die Spur. Und mit der Erkenntnis, dass allem ein Gewicht anhaftet, steht sie schließlich vor der Entscheidung ihres Lebens.

Rumjana Zacharieva (Hrsg.)
BULGARIENS HERZ
Anthologie aktueller Bulgarischer Lyrik

gebundenes Buch
ca. 100 Seiten
Preis 16,00 EUR
ISBN 978-3-957712-71-4
ET: Juni 2021

Ebook epub
ISBN 978-3-95771-297-4
Ebook PDF
ISBN 978-3-95771-298-1

Bulgarien: ein kleines Land mit einem großen Herzen ...
für Poesie.

31 zeitgenössische, junge bulgarische Lyrikerinnen und Lyriker präsentieren in der vorliegenden Anthologie ihre Texte, ausgewählt und übersetzt von der deutschbulgarischen Autorin Rumjana Zacharieva.